グローバルサウスの逆襲

池上 彰・佐藤 優

文春新書

1451

はじめに

佐藤優氏と対談していると、化学反応とでも言うべきでしょうか、想定していた話が思わぬ方向に進んでいくことがよくあります。本書も、そんな形になりました。

当初は、イスラエルによるハマスへの攻撃やロシアによるウクライナ侵攻、さらにアメリカ大統領選挙と、現下の国際情勢を語る上で欠かせない素材を俎上に載せていたのですが、いつしか「グローバルサウス」の話に発展しました。

グローバルサウスに関する詳しい定義は本文中に譲りますが、かつて開発途上国と呼ばれていた主に南の国々が、急激に経済力を獲得し、世界に存在感を示すようになりました。

これらの国に共通する点の一つは、「民主主義」というイデオロギーに囚われないことです。民主主義は、実に手がかかって非効率な政治システムです。対立するさまざまな意見を尊重しながら集約を図らねばなりません。時間ばかりがかかります。

しかし、「英明な指導者」がいれば、権威主義的な政治体制になろうが、はたまた独裁国家になろうが、経済は発展します。急激に経済成長を果たした国の多くに共通するのが、こうした傾向です。

経済が立ち遅れた開発途上国でインフラを整備するには手間暇がかかりますが、独裁者がいれば国民の意思を無視してでも開発を進めることができますから、短期間で目的を達成するのです。

開発途上国と呼ばれた南の国々は、北半球に位置する先進諸国によって占領されたり植民地化されたりしてきました。それが、どれだけ屈辱的だったことでしょう。その途上国が独裁的な指導者によって成長を始めると、北半球の国々が余計な口を出してきます。曰く「民主主義的であれ」、曰く「自由な言論活動を保障せよ」、曰く「国際社会と協調せよ」等々。

「何を勝手なことを」と、途上国の人たちは言うに違いありません。「お前たちは我々を植民地にして人権を無視。抵抗を抑圧して暴利をむさぼってきたではないか。それが、いまになって我々にお説教を垂れるとは、どういう神経をしているのだ」と。

ロシアがウクライナに侵攻した際、国連総会はロシアを非難する決議を採択しましたが、インドや南アフリカなどかなりの国々が棄権に回りました。

インドにしてみれば、イギリスの植民地として辛酸を舐めた歴史があります。かつての帝国主義国家にロシアを非難する資格があるのかと思っていることでしょう。

また、東西冷戦時代、インドが中国と敵対した際、当時のソ連はインドを支援しました。ソ連が中国と対立したので、「敵の敵は味方」の論理でインドに接近したに過ぎないのですが、インドにはソ連に対する感謝の念があり、それがロシアに対する親近感につながっています。

経済が発展するインドにとって石油エネルギーは必須。ロシアから石油を購入することについて、他国からとやかく言われる筋合いはないと思っていることでしょう。

南アフリカも、かつては白人支配のアパルトヘイトに苦しんだ黒人たちが解放闘争に取り組んだ際、ソ連の支援を受けました。アパルトヘイトが撤廃され、黒人たちによる政権が誕生した今も、南アフリカの指導層はソ連の後継国家ロシアに恩義を感じているのです。

このように急激に発展してきた国々にとって、大事なことは自国の発展。国際連帯という美辞よりは自国第一主義です。

そんな全体の動きのモデルになっているのが、アメリカのドナルド・トランプ前大統領です。「アメリカ・ファースト」を主張し、国際協調に見向きもしない姿勢は、まさに開発途上国。グローバルサウスそのものです。彼は、まさにアメリカ国内での「グローバルサウス」を象徴しています。

国土の広大なアメリカは、地域によって大きな差異があります。私たちがよく見るニューヨークやカリフォルニアはアメリカ国内の「先進国」。それに対し、カンザスやオクラホマ、アーカンソーなどの農業地帯は、給与水準も決して高くはなく、高学歴の人が少ない地域です。まさにアメリカ国内でのグローバルサウスの位置に存在するのです。

そう考えると、トランプ前大統領の選挙に向けての快進撃は、まさにアメリカ国内での「グローバルサウスの逆襲」ではありませんか。

世界が発展した北と途上国の南に分断されているように、アメリカ国内でも分断が進んでいます。アメリカ社会の分断は、トランプ大統領が生み出したものではなく、これまで進んでいた分断がトランプ大統領を生み出したのです。

アメリカ大統領選挙の行方は予断を許しませんが、トランプ氏が自国第一主義を掲げると、対抗してバイデン大統領も自国を優先せざるを得なくなります。結果として、アメリカは一段と内向きになり、世界の中で存在感を失っていきます。これまで日米関係を重視していればよかった日本ですが、今後の世界の激変に備えなければならない日が近づいています。

アメリカという後ろ盾が遠景に後退すれば、日本はアジアの中で前に出なければなりません。そこに押し寄せるグローバルサウスの激流。日本の覚悟が問われるのです。そんなリスクいっぱいの近未来に備えるために、本書がお役に立てれば幸いです。

二〇二四年三月

ジャーナリスト　池上　彰

グローバルサウスの逆襲 ◉ 目次

はじめに　池上彰　3

プロローグ　グローバルサウスの逆襲が始まった　19

■グローバルサウスとは何か
■かつての帝国主義が甦ってくる
■ロシア、中国とうまく駆け引き
■西洋近代が敗北しつつある
■アメリカでも一大勢力に
■「積年の恨み」で内戦の危機に
■プーチンの狡猾な戦い方
■ＧＤＰ神話が崩壊した
■フーシ派と少雨で、日本の物価が上がる
■パナマ運河vs.スエズ運河
■世界は火薬庫で満ちている
■グローバルサウス的な日本

■国際基準ではダブルスタンダード
■したたかな日本外交
■理想論ではなく現実路線

第一章　中東情勢から動向を読み解く　51

■「天井のない牢獄」ガザを歩いて感じたこと
■イスラエルの「内在的論理」
■戦争の最初の犠牲者は「真実」
■バイデンは初動で間違えた
■メディアの報道も勘違い
■なぜイスラエルは強硬なのか
■ハマスとパレスチナの区別
■ナチスに近いシステム
■実際に区別するのは困難
■ロシアと似ているイスラエル

■インテリジェンス機関と軍が劣化した要因
■入植者への反発
■焦っていたハマス
■ネタニヤフは変質してしまった
■ヒズボラの狙い
■最悪のシナリオ
■核の使用は「選択肢のひとつ」
■劇的に変わりつつあるサウジ
■イスラム周辺国の「本音」
■第五次中東戦争の可能性
■「ハマス後」のガザの統治は
■イスラエルもグローバルサウスに

第二章　アジアの均衡が崩れるとき 89

■現状維持を望んだ台湾のバランス感覚

■習近平が勝負をかけるタイミング
■中国の戦略は「戦わずして勝つ」
■領土問題では認識が一致
■本当に怖いのは〝国共合作〟
■台湾の首都は「南京」だった
■沖縄が戦場になったら
■日本のなかのグローバルサウス、沖縄
■日中「戦略的互恵関係」の意味とは
■日本を抜く台湾
■中国経済の先行きをどう見るか
■「反スパイ法」の功罪
■中国の資本主義はまだまだ初期段階
■朝鮮戦争が再開されたら
■韓国は行き過ぎた資本主義で人口減に
■韓国に学ぶ世界戦略

■石橋湛山の「小日本主義」に戻ろう
■インドネシアが世界四位の大国に
■グローバルサウスの原点「バンドン会議」
■中国の〝レーザープリンター商法〟
■インドネシアを日本の味方にするには
■世界の三分の一がイスラム教徒に
■トルコも重要なプレーヤーになる
■日米だけ国力が退潮
■在韓米軍が撤退したら
■ウクライナ戦争の戦訓

第三章　ロシアと結びつくアフリカ　129

■世界人口の四人に一人がアフリカ人に
■なぜ南アフリカはイスラエルを訴えたのか
■大きさと多様性が潜在能力

■旧フランス領で相次ぐクーデター
■ウクライナ戦争でフランス軍が撤退
■影響力を増しているロシア
■ソ連の恩義を忘れないアフリカ諸国
■ロシア外交は「遠交近攻」
■結びつきを強めるロシアとアフリカ諸国
■ロシア仕様の原発がアフリカに
■アフリカのエリートをロシア国内で教育
■プーチンが見据えるウクライナ戦争後の世界
■鍋まで持参する中国
■南スーダン独立はオバマ政権の功績
■投資するロシアは中国より魅力的
■博物館の収蔵品でも〝逆襲〟
■「植民地支配はナチスと同じ」
■沖縄にとっての歴史的事実

■次の標的は医薬品か
■コロナ禍で変わった製薬業界の世界地図

第四章　アメリカ大統領選が世界最大のリスク　161

■なぜトランプは大統領を目指すのか
■〝巌窟王〟トランプ
■時期尚早だったオバマ大統領
■トランプと「ディープステイト」
■登場が早すぎた指導者たち
■プーチンが〝ほめ殺し〟た理由
■バイデン再選のほうがリスク
■トランプに勝てる唯一の民主党候補は誰？
■〝ポスト・バイデン〟が出なかった理由
■共和党を変えたトランプ
■アメリカにハイデガーが再来したら

■第二次世界大戦後以上の混乱
■トランプ再選なら、プーチンが「アメリカに勝つ」
■イスラエルへの強い思い入れ
■アメリカ国内の反ユダヤ主義
■トランプ自身も「原爆投下と並ぶ大罪」
■モンロー主義へ回帰するアメリカ
■国際情勢は短期的には安定
■アメリカには狡さと嘘がある
■台湾有事が起きたら
■ペトロダラーの崩壊もあり得る
■金本位制に戻るか
■踊るトランプが心を摑む
■理性のノース vs. 身体性のサウス
■タコのケンカに似てくる国際関係

エピローグ　グローバルサウスは福音か、混沌か　203

■「自国第一主義」を貫く
■グローバルか、インターナショナルか
■独裁体制が世界の主流に
■ドイツでウクライナ支援に反対する二つの政党
■「ファシズムによる平和」という悪夢
■食い止めるトランプと、やりすぎるバイデン
■日本がアメリカ追従外交から訣別
■日本の将来の希望は
■第一次世界大戦時の遺産が役に立つ

おわりに　佐藤優　217

構成・石井謙一郎

プロローグ　グローバルサウスの逆襲が始まった

■グローバルサウスとは何か

佐藤　ここに来て、ロシア・ウクライナ戦争、イスラエルとハマスの軍事衝突と、出口の見えない事態が続いています。なぜこうした戦争が起きたのか、そしてどうして終わらないのか、様々な議論があります。本書でも、各論のパートで地域ごとの情勢を細かく分析するつもりですが、私はこの背後にはもっと長期的な大変動がひそんでいるのではないか、と考えているのです。それは、〝グローバルサウス〟の台頭です。

池上　グローバルサウスとは、アフリカ、中東、アジア、ラテンアメリカのなかで、新興国や発展途上国と呼ばれてきた国の総称です。国力をつけて存在感を高めてきたため、大いに注目されています。

　人口的にも、そして経済規模でも、この先の一〇年～五〇年を考えたとき、世界最大の変動要因といえますね。国際通貨基金（ＩＭＦ）の推計によると、先進国を代表するＧ７各国の名目ＧＤＰ（国内総生産）の合計は、ピークだった一九八六年には世界の六八％を占めていたのに、二〇二二年には四三％まで低下しました。これに対して、グローバルサウスの国々の合計は四四％。二〇五〇年にかけて名目ＧＤＰの合計が米国や中国を上回る規模にまで急拡大すると見込まれ、人口では二〇五〇年にはグローバルサウスで全世界の三分の二を占める予測です。

かつては、国際的な経済格差が「南北問題」と呼ばれました。アメリカやヨーロッパ、日本など先進国と呼ばれてきた国々がほぼ北半球に位置するのに対して、新興国や発展途上国は主に南半球にあったからです。また、東西冷戦時には、西側の資本主義国を第一世界、ソ連や東欧諸国を第二世界と呼び、どちらとも距離を置く国々を「第三世界」と表現していましたね。南北問題を語るときの南の国と第三世界の諸国は重なっていました。

佐藤　しかし、現在のグローバルサウスは、そのふたつとは違う概念の表現です。電子計算機とコンピューターでは概念が違うのと同じくらい、両者は異なりますね。グローバルサウスを知らないと、国家も企業も、そしてあなた個人も生き残れなくなる可能性があります。

池上　グローバルサウスとは、直訳的に言えばグローバル（地球規模）に影響力をもつ南の国という意味です。具体的に国名を挙げれば、G20のメンバーでもあるインド、インドネシア、サウジアラビア、南アフリカ、ブラジル、アルゼンチンのほか、アジアではタイ、マレーシア、フィリピン。中東・アフリカではアラブ首長国連邦（UAE）、イラン、エジプト、ナイジェリア。ラテンアメリカでは、チリ、キューバ、ペルーなどの国々ですね。

■かつての帝国主義が甦ってくる

佐藤　国際的に決まった定義はまだないのですが、メディアなどでは中国は含まれていませんね。

しかし、後に詳しく述べたいと思いますが、地理的な要素だけでなく、普遍主義よりもローカルな価値観、国際協調より地域大国の影響拡大、民主主義より権威主義的でいいから強力なリーダーシップといったいくつかのシフトチェンジが、含まれている。この対話では「グローバルサウス」という概念をもっと広く考えてみたいと思っています。たとえば、トランプはアメリカにおけるグローバルサウス的なものを体現しています。

冷戦が終わって、東西の壁が壊され、「世界はひとつになった」といわれました。グローバル化です。この「グローバル化」の主人公は、いわば〝グローバルノース〟、アメリカを中心とした北半球の先進国による世界の「市場化」だったといえます。

池上　世界をひとつのマーケットにし、グローバルな経済圏をつくったわけですね。

佐藤　さらには、民主主義や人権というグローバルノースの価値観をものさしとして、進んだ国、遅れた国と位置づけ、「遅れた国」には是正を迫ってきました。

G20

G7

アメリカ
日本
ドイツ
イギリス
フランス
イタリア
カナダ

オーストラリア
韓国
ロシア
メキシコ
トルコ

おもなグローバルサウス諸国

中国
インド
インドネシア
ブラジル
アルゼンチン
サウジアラビア
南アフリカ

アジア
北朝鮮
タイ
マレーシア
ベトナム
フィリピン
シンガポール

ラテンアメリカ
チリ
キューバ
ペルー
ウルグアイ

太平洋
フィジー
クック諸島

中東
イラン
イラク
アラブ首長国連邦

アフリカ
エジプト
エチオピア
ケニア
リビア
ナイジェリア

ところが、ここへ来て、「遅れた」とされてきたグローバルサウスが人口的にも経済的にも世界の多数派になろうとしている。それに対して、アメリカやEU（欧州連合）、日本などのグローバルノースは行き詰まりを隠せない。アメリカはついにオバマ大統領のときに「世界の警察官をやめる」と宣言しました。

池上　その方向性をもっと強烈に打ち出したのがトランプ大統領だったわけですね。たしかにそうした流れから見ると、中東で起きていることも、ウクライナでの戦争も、いろいろなことが説明できそうです。

佐藤　これまでまがりなりにも「国際秩序」を提示してきたグローバルノースに対して、グローバルサウスの特徴は「自国中心主義」です。自国のあり方、価値観、外交、安全保障に外から口出しされたくない、というわけです。ヒト・モノ・カネの移動が自由で国境の壁が低くなる「グローバル」よりも、国家間関係を重視する「インターナショナル」の方が概念としては適切と思います。グローバルノース対サウスインターナショナルという図式の方が正確と思いますが、本書ではメディアに広く流通しているグローバルサウスという言葉を使います。グローバルサウスの諸国は外交的にも、ある種のリアリズムをとります。つまりは「強い者が勝ち、弱い者は従え」。かつての帝国主義的な傾向が甦ってくるとも言えるでしょう。

■ロシア、中国とうまく駆け引き

池上　グローバルサウスが注目を浴びるようになったきっかけが、ふたつあります。まず、二〇二二年四月七日に国連総会で行なわれた採決です。ウクライナへ侵攻したロシアを国連人権理事会から排除しようという決議が、アメリカによって提案されました。結局、賛成九三、反対二四、棄権五八で採択されましたが、注目すべきは棄権した面々です。

棄権した中にブラジル、エジプト、メキシコ、タイ、インドネシアなどが含まれています。いずれも、ロシアから石油や天然ガスや武器を買っている国々です。自国第一主義の立場をとって、ロシアとの関係悪化を恐れたんですね。

佐藤　この「自国第一主義」もキーワードですね。ここから読み取れるのは、グローバルサウスが、民主主義や社会主義といったイデオロギーの共有でも、地政学的な結びつきでもないことです。欧州連合や東南アジア諸国連合（ASEAN）と違って、理念と目的を共有する「組織」として動くのではなく、あくまでも個々の利害によって動いている。彼らからすれば、ウクライナは遠いユーラシア西部の地域紛争でしかなく、自分たちのエネルギー確保の方が重要だ、と考えるわけです。

池上　しかし、逆説的にグローバルサウスの重要性を認識させたともいえますね。この国連決議では、国際社会における諸問題を解決するには、こうした国々の協力が欠かせないことが明らかになった。

　ふたつめは、二〇二三年一月にインドのモディ首相が呼びかけて開かれた「グローバルサウスの声サミット」というオンラインの会合です。インド以外のG20のメンバー国は不参加だったものの、参加国は一二五に達しました。

佐藤　内訳は、中南米が二九、アフリカ四七、欧州七、アジア三一、オセアニア一一カ国。世界の国のおよそ三分の二ですから、まさに地球規模（グローバル）です。

池上　各国のバラバラな動きが大きなうねりを生む世界になりつつある、という認識をもたなければいけませんね。豊かになれるならば民主主義国と連携する必要はなく、権威主義に与《くみ》したって構わないと考える国々は、それぞれ自分の陣営へ引き込もうとする欧米・ロシア・中国とうまく駆け引きをしながら、自国の利益をさらに大きくしようと図っています。

■西洋近代が敗北しつつある

佐藤　グローバルサウス諸国は、欧米の植民地にされていた過去をもつ国が多いので、いまさら欧米的な価値観を押し付けられたくないという意識も強い。北半球に対する南半球の逆襲であり、キリスト教に対するイスラムの逆襲であり、白人に対する有色人種の逆襲でもある、といえます。

池上　佐藤さんが言われたように、強権的なリーダーが次々に登場するのも、グローバルサウスの国々の特徴です。フィリピンのドゥテルテ大統領（在任は二〇一六年～二〇二二年）、ブラジルのボルソナロ大統領（二〇一九年～二〇二二年）、アルゼンチンのミレイ大統領（二〇二三年一二月～）などがそうです。

ヨーロッパでナショナリズムが台頭し、極右政党が議席を増やしていることも、西洋近代、すなわちグローバルノースが培ってきた民主主義や人権主義が敗北しつつある、と解釈できますね。

佐藤　じつはこの「グローバルサウスの逆襲」という視座をもつことによって、イスラエルとハマスの軍事衝突も、ロシア・ウクライナ戦争も、世界で起きているさまざまな事象が、するっと簡単に読み解けてしまうのです。複雑な幾何の問題が、補助線を一本入れることによってあっさり解けてしまうように。

池上　これまで私たちが思っていた常識的な世界観というのはガラッとひっくり返りますよね。グローバルサウスが本当に大きくなり、われわれの論理が通用しなくなった。経済的に豊かであればいいだろう、そのためなら権威主義でもいい、国際的に協調する必要はないだろう……。そういう世界に今なりつつあるんだという認識をもったほうがいいということです。

■アメリカでも一大勢力に

池上　二〇二四年は、世界で大きな選挙が続く年です。すでに、一月に台湾の総統選、二月にインドネシアの大統領選、三月にロシアの大統領選、四月には韓国の総選挙と続き、さらにインドや南アフリカでも総選挙が予定されています。

　六月には、ＥＵの立法機関に当たる欧州議会の選挙。そして一一月に今年最大のイベント、アメリカ大統領選挙が控えています。

佐藤　民主党と共和党の候補者指名争いが進み、現職のバイデン大統領とトランプ前大統領の一騎打ちになる構図が固まりました。四つの刑事事件で裁判を起こされているトランプ前大統領の復活が有力視されるのも、アメリカ国内におけるグローバルサウスの逆襲と見ることができます。国内で、グローバルノース的な勢力とグローバルサウス的な勢力の対立が起きています。社会的に恵まれない層に位置する人たちが力をつけて、一大勢力になっていく可能性が十分あるからです。

池上　その通りですね。アメリカにおけるグローバルサウスの代表として、トランプ前大統領が人気を得ていると言えます。黒人やヒスパニック、アジア系が増えて、人口構成が逆転しようとしている中、「自分たちの仕事が奪われている。虐げられている」と感じる低所得層の白人労働者がたくさんいます。だから、「アメリカ・ファースト」「メイク・アメリカ・グレート・アゲイン」とわかりやすく訴えるトランプが好まれるんです。自国第一主義、普遍的なルールよりも超法規的なリーダーシップの強調。

佐藤　重要なのは、トランプが理屈を超えた支持を得ていることです。「よくわからないけど、民主党の連中が言ってることはふざけてる。トランプは絶対に正しい。なぜなら自分の身体を張ってるからだ」という支持者も少なくない。「よくわからないけれども絶対に正しい」と熱烈に支持させることこそ、政治力です。それを反知性主義と呼ぶか、「実存的に現実と向き合っている」と判断するかは、評価の違いです。

■「積年の恨み」で内戦の危機に

池上　アメリカのグローバルサウスもまた、積年の恨みという側面から見ることもできます。南北戦争で負けて奴隷を解放させられてから一六〇年、南部に住む白人たちには北部に抑圧されてきたという思いが募っています。「旧北軍の民主党の連中はインテリで、俺たちを見下している。そいつらと戦っているトランプは、我々の味方だ」というわけです。

佐藤　先に池上さんが言われたように、ヨーロッパなど、これまでグローバルノースの一員を自認してきた国の中でも、「南北戦争」が始まっているわけです。

池上　トランプの強みは、それまでになかった支持層を発掘したことですね。二〇一六年の大統領選でトランプが出てくると、積年の恨みを抱えたり、日常の不満をどう爆発させていいかわからなかったりした人たちが、にわかに政治に目覚めた。

佐藤　政治に興味のなかった人が関心を持ち始めるのは、市民社会が壊れているときなんです。市民社会において主流なのは代議制民主主義ですが、これは市民と政府の分業体制ともいえる。政治は選挙によって選ばれた政治家と、資格制度によって登用された官僚によって行なわれます。それに対して、市民は、自分たちの経済や趣味や家庭など、欲望だけ追求すればいい。市民は選挙などによって政府をチェックするだけでいいんです。欲望を追求しているはずの市民が直接、政治の舞台へ出てくるのは、代議制民主主義が機能不全を起こしているときなんです。

池上　大統領選挙でトランプ政権が復活すれば、アメリカの対外政策が一変することは言うまでもありません。ウクライナへの軍事支援は打ち切られ、イスラエルとの関係は強固になります。それを期待するプーチン大統領とネタニヤフ首相は、二〇二四年一一月まで戦争を止めないでしょう。

一方、アメリカ国内で深刻な懸念となるのは、内戦の危機です。トランプが大統領になれば「前回の大統領選挙の勝利を盗んだ相手」に復讐すると宣言しています。さらに言えば、トランプが、再び敗れたら「またしても選挙が盗まれた」と主張することは確実で、熱狂的な支持者たちが連邦議会を襲撃した悪夢が蘇ります。先日、テキサスで熱烈なトランプ支持者たちに会ってきたのですが、口々に「公正な選挙が行われればトランプが勝つ」と言っていました。逆に言えば、トランプが負けたら「公正な選挙ではなかった」と言うのです。

つまり、トランプが勝っても負けても、アメリカは内戦のリスクを抱えてしまう、というわけです。

佐藤　アメリカ政治の行方、それが世界に与える影響については、後の章でも詳しく論じましょう。

■プーチンの狡猾な戦い方

池上　では、今まさに進行中の戦争について見ていきましょうか。

佐藤　ロシアがウクライナに攻め込んだのは、二〇二二年二月二四日。丸二年が過ぎましたが、戦争は終わらず、停戦の見通しも立ちません。

池上　プーチン大統領は当初、この戦争は短期間で終わると見通していたようです。首都キーウを制圧して、ゼレンスキー大統領を殺害するか逃亡させれば、政府は降伏する。ウクライナの国民は、ロシア軍を歓迎するだろうと思い込んでいた節があります。軍隊が数日分の補給しか用意していなかったことからも、その点が窺えます。

佐藤　プーチン大統領は、開戦直後の二〇二二年二月に勝利の目標を三つ掲げました。ドネツクとルガンスクに住むロシア系住民の保護、ウクライナの非ナチス化、そして非軍事化です。ところが、四州を併合した九月三〇日以降、「西側には悪魔崇拝の傾向がある」と言って価値観戦争に切り替え、領域に関して勝利の条件を語らなくなりました。勝敗ラインを明示しないというのは、きわめて狡猾な戦い方です。戦闘を止めたとき、「我々の勝利線を越えたから止めた」と宣言すればいいんですから。

池上　実際に、ウクライナ国土の二割を占領しているわけですからね。

佐藤　一方ゼレンスキー大統領は、ロシア軍に攻め込まれた東部のみならず、二〇一四年に占領されて併合されたクリミア半島からロシアを追い出すことを勝敗ラインだとして、譲りません。つまり、これを実現できない限りはウクライナの負け。プーチン大統領はどこで線を引こうと、勝ったと言えば勝ちなんです。

池上　しかし、ロシアは人口でも経済力でも大きく上回っていますから、戦争が長引くほどウクライナが不利になるのは否めません。二〇二三年六月から始まった反転攻勢も、行き詰っています。西側によるロシアへの経済制裁も、あまり効いていませんね。半導体の輸入を止められて精密なミサイルは製造できなくなっても、小銃や大砲の弾丸は作れますからね。

■GDP神話が崩壊した

佐藤　この戦争で明らかになったのは、国力はGDPでは測れないということですね。GDPでいえば、ロシアは、アメリカの一割にも達しません。アメリカのGDPの一六・六％は医療費ですから、ロシアのGDPはアメリカの医療費のほぼ半分という計算になる。それなのに、なぜ二年も西側連合に抗することができるのか。それは天然資源を豊富に持ち、食糧生産を自国内で賄えるロシアのような国の国力は、GDPだけでは測れないからです。

池上　GDPは「一定期間内に国内で産出された付加価値の総額」をカウントする指標ですから、蓄えられた経済力まで測ることはできません。フローとストックでいえば、ストックの強さまでは見えてこない。

佐藤　鉄、石油、小麦といった実体と結びついたフローとストックの合計が本当の国力だというのは、この戦争がなければわからなかったことです。

GDPの話をついでにすれば、日本は長年にわたって給料が上がらず景気が厳しいですが、GDPの落ち込みほどには生活が悪くなっていません。それは、GDPに計上されないお金が動いているから、でもあります。たとえば、中古品の売買は、資産が移動しただけであって「産出」ではありません。メルカリやブックオフ、あるいはビッグモーターが業績を伸ばしたとしても、ＧＤＰには含まれないわけです。

また、インフレなどで物価が上がると、経済力とは関係なく、ＧＤＰは高くなります。わかりやすい話をすると、血糖値を抑制するために打つ「インスリンペン」は、日本ではひと月の自己負担額は四〇〇〇円程度なので、原価は一万三〇〇〇円ぐらいでしょう。これが、アメリカでは五〇〇〇ドル、日本円に換算すれば約七五万円です。

アメリカのＧＤＰの一六・六％は医療費ですから、医療費が高すぎて、富裕層しかまともな医療を受けられない状態になるほど、ＧＤＰが高くなるというふしぎな現象が起きるのです。

池上　訴訟の賠償額もＧＤＰに算入されるんですね。二〇二四年一月、トランプ前大統領が女性コラムニストから起こされていた名誉毀損《きそん》の裁判で、ニューヨークの連邦地裁の陪審が八三三〇万ドル（およそ一二三億円）の支払いを命じる評決を下しました。この金額が実際に支払われた暁には、アメリカのＧＤＰに計上されるわけです。弁護士の報酬など裁判費用もＧＤＰに入ります。アメリカは訴訟大国でもありますから、裁判が増えるほどＧＤＰも上昇する。

■フーシ派と少雨で、日本の物価が上がる

佐藤 中東情勢も複雑化しています。レバノンの国境地帯にいるイスラム武装勢力ヒズボラがイスラエル領内へミサイルを打ち込み、イエメンの武装組織フーシ派も活動を活発化させています。紅海を航行する民間の船舶を攻撃するので、米英軍などが報復攻撃を続けていますね。

池上 各国の商船はフーシ派を恐れて、紅海とスエズ運河の通航を避けるようになりました。ＩＭＦによると、二〇二四年一月二五日時点におけるスエズ運河の通航量は、前年同期比で四三％減ったとのこと。代わりに、アフリカ南端の喜望峰の通航量は、八四％増えたそうです。

しかし遠回りになるので日数が一〇日ほど余計にかかり、輸送コストがかさみます。世界の物流コストが上がれば、物の値段が上がります。日本の景気にも悪影響が出ていますし、世界的にインフレの再燃が懸念されています。

佐藤 遠い国で行なわれている戦争は決して他人事ではなく、我が身にも影響を及ぼしている。こういう視点で世界を見る習慣が大切ですね。

池上　思いがけない影響といえば、二〇二三年に中米パナマ運河のあたりで雨が降らなかったことも、日本での物価高に影響しているんですね。

　太平洋と大西洋を結ぶパナマ運河は航行できる船のサイズが決まっています。「パナマックス」と呼ばれていて、全長二九四・一メートル、全幅三二・三メートル、喫水一二メートル。それより大きな船は通れません。

佐藤　第二次世界大戦当時、アメリカの戦艦は東海岸で建造され、パナマ運河を通って太平洋へ運ばれました。そのため艦の大きさが限定され、載せられる大砲のサイズも制限されます。だから日本は、戦艦大和を作ったんです。大和に四六センチ砲を載せれば、相手の弾が届く距離より遠くから撃てると考えたわけです。

池上　パナマ運河は、太平洋と大西洋を結ぶ間に標高差があるため、閘門《こうもん》式になっています。船を浮かべたプールごと上げ下げするエレベーターのような仕組みです。このエレベーターに入れる水は海水ではなく、ガトゥン湖という湖から淡水を引いています。ところが二〇二三年は、エルニーニョ現象の影響で記録的な干ばつとなり、水が足りなくなったので通航制限を行ないました。

佐藤　ブルームバーグは、こう報じています。

〈数日あるいは数週間にわたって列を成して待機する状況が発生している。こうした船舶には自動車や消費財、果実、燃料などが積載されている。予約枠を確保していた船舶が通航を断念し、後方で待つ船が前方の有利な位置に出る場合でも数百万ドルを支払うことがあり得る。あるいは同運河を通らずにアフリカや南米大陸の最南端を迂回したり、スエズ運河を経由するルートを選ぶ可能性もある〉（二〇二三年一二月五日付）

しかしアフリカ大陸最南端の喜望峰なら通れますが、南米大陸最南端のドレーク海峡は世界で最も荒れる海域のひとつです。

池上　なぜ太平洋という名前が付いたかというと、大西洋からドレーク海峡を通ると大変な悪天候で、越えたら急に穏やかな海になったものだから、パシフィックオーシャンと付けたんです。

佐藤　小さなタンカーなら真っ二つに折れてしまうほど、ドレーク海峡は危険です。

池上　戦時中、日本の軍部はそこに目をつけてパナマ運河の爆破も検討しました。そうすることによって、東海岸からの戦艦の輸送自体を、阻止しようと目論んだんです。

佐藤　実現しませんでしたけどね。

■パナマ運河vs.スエズ運河

池上　話を現代に戻すと、二〇〇〇年代のシェール革命によって、アメリカで液化天然ガス（ＬＮＧ）がたくさん採れるようになり、他国への輸出が始まりました。日本でも、中部電力と大阪ガスがアメリカのＬＮＧを買っています。その輸送に使うタンカーは幅が広いのでパナマ運河を通れず、日本の援助で新パナマ運河が作られました。私も現地へ見に行きましたよ。二〇一六年にこれが開通した途端、スエズ運河が通航料を値下げしました。パナマとスエズはあんなに離れているのに、実は価格競争をやっているんです。

池上　そこで二〇二三年の雨量不足で、パナマ運河が通航制限になったために、スエズ運河に入る通航量が増えました。喜んでいたらフーシ派が出てきて、えらい目に遭っているわけです。

佐藤　その様子をホクホク顔で眺めているのは、ロシアでしょう。

池上　そうそう。温暖化で実現性が高まった、北極海航路の出番です。ロシアの沿岸を通るので、スエズ運河ほどの金額ではないにせよ、通航料を払う必要があります。誘導する船をロシアが出すから、という理由らしいですね。

佐藤　ロシアの砕氷船が先に通らなければ、北極海は進めないんです。

池上　そんなふうに、中東情勢が世界の物流に大きな変化をもたらしているし、中南米で雨が降らないだけで輸出入コストが上がるわけです。

佐藤　北極海といえば、シベリア北西部にあるヤマル半島の沖合で、巨大なガス田が見つかっています。ロシアのノヴァテク、フランスのトタル、中国石油天然気集団のほか、日本の千代田化工建設や日揮も参加して開発が始まり、ＬＮＧプラントからの輸送は商船三井が担当します。

池上　世界の利害関係が複雑にリンクする時代になったことが、よくわかります。

■世界は火薬庫で満ちている

佐藤　ハマスによるイスラエルへの奇襲攻撃に端を発する最近の中東情勢は、ゴールに向かいつつあった問題が揺り戻されたような印象です。富士山にたとえれば、休火山ではなく活火山なのだから、油断していたらいつ爆発するかわからない。そんなことを思い起こさせる出来事でした。

池上　世界のいろいろな地域に火薬庫が隠れていて、いつでも爆発する可能性が潜んでいます。

佐藤　世界の趨勢《すうせい》がグローバルサウスに傾く中、支援を期待するグローバルノースの一員として生き残りを図っているのが、ウクライナ。一方、中東におけるグローバルノースの出先機関だったイスラエルは、逆にアラブ諸国との国交正常化によって、グローバルサウスに足をかけようとしていると見ればいいでしょう。

　前にも少し触れたように、グローバルノースとグローバルサウスでは、基本となる人間観も異なってきます。グローバルノースが個の尊重、一人一人が最大限に自由に生きるべきという価値観を人類普遍のものとみなそうとするのに対し、グローバルサウスは、それは西洋近代の押しつけで、国や地域の価値観の方が大事だと反発している。

　それがよくあらわれているのが、家族観です。ロシアでは、大晦日の晩、日付変更の直前に国家最高指導者がテレビで国民に向けた「新年の辞」を述べるのが慣習になっていますが、プーチン大統領は「二〇二四年は、わが国では『家族の年』とされています」と述べ、ロシアは巨大な家族であり、家族の団結を高めることが新年の国家目標だと語りました。

　家庭の基礎は家族であり、その先に祖国への献身がある。同性愛は家族を壊すから、ＬＧＢＴＱ＋は悪魔崇拝で、キリスト教的な価値観に反するというのです。いわばキリスト教を、グローバルサウスの方向へ展開したといえます。ＬＧＢＴＱ＋の人は、ロシアにもたくさんいるんですけどね。この家族観は、北朝鮮の金正恩《キムジョンウン》総書記の家族観とも接近していませんか。

池上　アメリカの福音派が、その家族観に同調するわけです。ＬＧＢＴＱ＋など認めないという価値観において、プーチン大統領とアメリカの共和党、そして中国共産党も一致します。この構図は興味深いです。

佐藤　つまり、プーチン大統領もまたグローバルサウスへ重心を移していることが、家族観からもうかがえるのです。

■グローバルサウス的な日本

佐藤　このグローバルノースからグローバルサウスへのシフトチェンジという観点で日本を見ると、いろいろ面白いことがわかってきますね。

　日本はＧ７のメンバーですから、立ち位置としてはグローバルノースの一員です。しかし無意識のうちに、グローバルサウス的な要素を内包しているのが面白いところです。そもそも日本人が英語が下手なのは、英語を必要とせずに生活できるせいですよね。また家族観や人権意識についても、欧米諸国のスタンダードをそのまま受け入れているわけではない。必ず「日本化」させる。これはグローバルサウス的です。

たとえばスターバックスへ行くたび、日本への土着化が進んでいると感じます。以前は「ワン・キャラメルマキアート・エクストラホット」と注文するのが面倒でしたけど、英語マニュアルを止めたおかげで、「キャラメルマキアート、牛乳すごく熱くしてください」で通じるようになりましたから。

池上　スターバックスが日本化したのが「スタバ」というわけですね。スタバのメニューには、ほうじ茶ティーラテもありますよ。土着化そのものです。

■国際基準ではダブルスタンダード

佐藤　結局のところ、この国は半分くらいグローバルサウスなんだと思います。

これは外交面にもあらわれている。たとえば岸田政権の外交は、国際的な基準でいえばダブルスタンダードが際立っています。岸田文雄総理は民主主義や価値観外交という言葉を口にしなくなりましたし、ウクライナへの戦争支援にも距離を取っている。グローバルノースとしての足並みを揃えないのです。

池上　グローバルノースが厳しい対応をしているミャンマー政府に対しても、相変らず支援を続けていますね。軍事政権の人権侵害にも、厳しい態度をとっていない。

佐藤　ロシアの新聞イズヴェスチヤは、「日本の価値観外交は西側限定だ。中東や東南アジアで価値観外交を展開しないので、岸田総理の外交は戦略的だ」と書いています。「日本は日米同盟の縛りの中で、かなり上手に綱渡りをやっている。相当に戦略を練っていなければ、こんな使い分けができるはずはない」という指摘です。

池上　実は戦略などないのに、端からみると計算して動いているように見えてしまうんですね。素直に喜んでいいのかどうか……。

■したたかな日本外交

池上　二〇二三年五月に広島で開かれたG7サミットに、八カ国の首脳が追加招待されました。韓国とオーストラリアのほかは、インド、インドネシア、ベトナム、ブラジル、コモロ、クック諸島で、いずれもグローバルサウスの国々です。ちなみに、グローバルサウスという呼称は「先進国である『北の国』を基準としており上から目線だ」との批判もあり、広島サミットでは使われていません。

佐藤　コモロは「アフリカ連合」、クック諸島は「太平洋諸島フォーラム」のそれぞれ議長国としてでした。両地域との関係を重視して、議長国の日本が招いたんです。

池上　さらにサミットの直前、岸田総理と林芳正外相は、グローバルサウスの国々を手分けして訪れています。総理はアフリカのエジプト、ガーナ、ケニア、モザンビーク、シンガポール。現職首相のアフリカ訪問は、七年ぶりでした。

林外相は、中南米のトリニダード・トバゴ、バルバドス、ペルー、チリ、パラグアイ。外務省のＨＰでは、その目的を事前にこう説明しました。

〈本年のＧ７議長国として、国際社会の幅広い意見を聞き、Ｇ７での議論に繋《つな》げていく考えです。

さらに、鉱物・食糧・エネルギー資源の宝庫でもある中南米諸国は、現下の国際情勢において、その重要性が増しています。そうした観点から、ポテンシャルの高いこれらの国々との一層の二国間経済関係強化や各国の直面する課題への対応における協力の方策についても意見交換を行う予定です〉

資源目的と、はっきり言っているんですね。

佐藤　岸田政権は内政においては迷走していますが、外交はしたたかです。ウクライナ戦争への支援には深入りせず、目立たない場所で打つべき手を打っています。

佐藤　ウクライナに対する日本の態度もかなり独特です。

たとえば、インドのモディ首相は、G20の席でゼレンスキー大統領に「来ないでください」と言いましたね。「余計な揉め事に巻き込まないで欲しい」という意思を、しっかり伝えたわけです。これはまさにグローバルサウス的な姿勢でしょう。

池上　モディ首相は、ウクライナでの停戦を呼びかけながら、ロシア非難は避けています。インドはこの数年ロシアとの貿易を活発化していて、ロシア産の原油は中国に次いで世界第二位の輸入国なんです。

佐藤　それに対して、日本はウクライナに何をしているか。二〇二四年二月一九日に東京で、「日・ウクライナ経済復興推進会議」が開かれました。民間企業の投資拡大について、話し合うことが目的です。地雷除去、発電所建設などの無償支援は一五八億円に過ぎません。日本の高速道路建設費は一キロメートルあたり五〇億円なので、この支援額は高速道路三キロメートル程度の建設費です。しかしいまウクライナが求めているのは軍事的な支援であって、戦争が終わる見通しも立たないのに経済復興の支援を話し合うのは、気が早すぎます。

妙だなと思っていたら、岸田総理は一月三〇日に官邸で開いた準備会合において、この会議は〈日本の貢献を、改めて、国際社会に力強く示す重要な機会です〉（官邸HP）と語っていました。これを読んで、日本の真意が納得できました。あくまで国際社会へのアピールが第一義で、本当にウクライナのためになるかは二の次なんですね。

池上　岸田総理の発言として、〈日本の戦後復興、震災復興の経験や、日本企業の技術・知見へのウクライナ側の期待は大きいものがあります。大企業はもちろんのこと、中小企業やスタートアップ企業も、官民が一体となり、オールジャパンで支援していくことが重要です〉という言葉よりも前に、その文言が載っています。

■理想論ではなく現実路線

佐藤　日本は軍事支援ができないから、せめて復興でも、というわけですが、要は国際社会に「やってる感」を示した。「戦争は自分でやってください。勝ったらお金は出しますよ」というのは、現時点では空約束といわれても仕方ないのですが、実際には何もせずにやっているふりだけ見せているわけです。

　我が国の内閣総理大臣は、内政において実に頼りないにも関わらず、外交に関しては打つ手が非常に正確で、戦争に巻き込まれないように巧みに立ち回っています。

池上　理想論ではなく現実路線。キッシンジャー流ですか。

佐藤　近いですね。ウクライナ戦争が終われば、岸田総理がゼレンスキー大統領に持参したお土産が、世界的に評価されるかもしれません。

池上　ああ、「必勝しゃもじ」ですか。

佐藤　日本から八〇〇〇キロも離れたキーウまで何を持って来てくれたのかと期待したら、呪文のような文字が書かれた木のへらを渡されて、「これで勝ってくれ」と言われた。気勢を削がれて当然です。まるで呪術師に拝ませた人形を持ってきて「これで勝ってください。呪いをかけておきましたから」と渡すのと一緒でしょう。受け取った相手は、「この国に支援を要請しても、意味ないだろう」と思います。これ以上ないくらい、巧みな体のかわし方です。後になって「日本はきわめて狡猾だ」と評判になると思いますよ。実態は意思決定ができなかったりオロオロしたりしていただけでも、評価されるのはあくまで結果ですから。

池上　実際に「ＥＵ諸国は一〇〇万発の弾丸提供を約束したのに、三割しか寄こさない」と恨まれているのに対して、日本は全く恨みを買っていませんね。

佐藤　外国から見ると日本は頭がいいと思われます。私のような外交屋・情報屋としては、非常に面白い現象です。

第一章　中東情勢から動向を読み解く

■「天井のない牢獄」ガザを歩いて感じたこと

佐藤　グローバルサウスの逆襲という現象が最も象徴的に現れているのは、中東情勢です。イランの影響力拡大、アメリカの影響力の退潮と中国の中東諸国との紐帯強化、サウジの変化……そうした状況の中で、ハマスのテロが発生しました。まずはこの事件を掘り下げてみることで、グローバルサウスの動向を探ってみたいと思います。

池上　二〇二三年一〇月七日早朝、パレスチナ暫定自治区のうちガザ地区を実効支配するイスラム武装勢力ハマスが、ユダヤ教の「仮庵《かりいお》の祭り」直後の安息日をねらって、イスラエルへの無差別攻撃を始めました。ハマス側の発表で約五〇〇〇発、イスラエル側の発表で約二二〇〇発のロケット弾でテルアビブを始めとするイスラエルの各都市を攻撃。同時にハマスの戦闘員が、イスラエルとガザ地区を隔てるコンクリート壁、鉄条網、検問所を突破して、イスラエル南部に越境し、外国人を含む約一二〇〇人を殺害し、二〇〇人以上を人質として連れ去りました。

　これに対してイスラエル軍は、ガザ地区に激しい空爆を行ない、地上でも大規模な軍事作戦を展開しています。ガザ地区での犠牲者は増える一方で、停戦や和平への見通しはまったく立っていません。

佐藤さんとはいつも多くの問題で意見が一致しますが、今回はややスタンスが異なりますね。

「天井のない牢獄」と称されるガザを現地取材した際、私は人々の悲惨な生活を目にして、彼らの絶望感はいかほどのものか、と言葉を失いました。ハマスの蛮行は厳しく糾弾されるべきですが、その背景にはガザの凄惨な現状がある。しかも、パレスチナの一般市民が犠牲になっているのを見るのはやりきれません。ガザの死者は三万人に達したと報じられています（二〇二四年三月初旬時点）。

■イスラエルの「内在的論理」

佐藤　鈴木宗男さんに同行して、ガザでＰＬＯ（パレスチナ解放機構）議長だったアラファトと面会したことなど、パレスチナ側ともわずかな接触はありましたが、私の場合は、それ以上にイスラエルとの付き合いが長く、とくにインテリジェンス専門家と濃密な関係を築いてきました。ですから、イスラエルの考えが皮膚感覚で分かります。

ハマスの攻撃に対するイスラエルの対応は、おそらく多くの日本人には「行き過ぎ」に見えるでしょう。しかし、ハマス掃討を徹底的に行なおうとするイスラエル側の「内在的論理」はどんなものなのか。これを理解せずには、この紛争を停戦や和平に導くことはできません。

もちろん意見や立場の違いはあっていい。しかし、情勢分析では「事実」「（当事者の）認識」「（分析者による）評価」の区別が不可欠なのに、日本の報道の多くは情緒的すぎて、この三つを無自覚に混同している。

ちなみに日本にも、とくに国際政治学者のなかに、イスラエル支持者はいますが、「日米同盟こそ重要なのでイスラエルを支持する米国に追従する」というのがほとんどで、彼らの多くも、イスラエルの内在的論理は理解できていません。

■戦争の最初の犠牲者は「真実」

池上　報道でも、「事実」と「認識」と「評価」を区別して伝えることが基本ですね。まずここから始めましょう。情報戦が始まっていますから、最も厄介なのは、「何が事実か」の確定です。「戦争の最初の犠牲者は真実である」という言葉もあります。
佐藤　おっしゃる通りで、ハマスの攻撃による死者数を当初の一四〇〇人程度から（ハマス戦闘員も含まれていたとして）一二〇〇人程度に訂正するなど、イスラエル側は被害を過大に宣伝するのではなく実証性を重視しています。

池上　一方、ガザ側の犠牲についても、多くが「ガザ保健省」の発表として伝えられていますが、すべてを鵜呑みにはできません。「ガザ保健省」は中立的な役所のようですが、ハマスは戦闘以外にガザの行政や福祉も担っている。つまり「ガザ保健省の発表」は「ハマスの発表」です。

たとえば、一〇月一七日にアル・アハリ病院で起きた「爆発」。ガザ保健省が「イスラエル軍が空爆した」と発表したのに対して、イスラエル側は「ガザのイスラム武装勢力のイスラム聖戦がロケット弾の発射に失敗したものだ」と反論しています。この件についてニューヨーク・タイムズ紙は、ハマスの主張通りに報じた記事を後に訂正している。ＮＰＯ調査報道機関「ベリングキャット」も、映像や画像をもとに「衝撃クレーター」を分析し、「イスラエル軍が使用する爆弾とは一致しないようだ」としています。

激しい攻撃が続くなかで「イスラエル軍が空爆した」というハマスの主張が感情的に受け入れられやすいのは確かですが、戦争報道には冷静に接する必要があります。

■バイデンは初動で間違えた

佐藤　日本の報道で問題なのは、「ハマス」と「パレスチナ」を区別せず、「ガザ紛争」と「ウクライナ戦争」を同列に扱っている点です。

今回の紛争は、イスラエルに居住するユダヤ人とユダヤ人国家の「生存権」を認めずにテロ行為に走ったハマスの行為に端を発するもので、「イスラエルとパレスチナの関係一般」に還元できる話ではありません。

また、ウクライナ戦争が「ロシアによる侵攻」を契機とする「国家間戦争」であるのに対し、今回の紛争は「イスラエルとパレスチナの戦争」ではなく、「ハマスというテロ組織に対するイスラエルの掃討作戦」です。

ハマスの宣伝戦における勝利は、ハマス対イスラエルの戦いにせず、パレスチナ対イスラエルの戦いだと偽装することに成功した点です。それにつられて、バイデン大統領が初動でボタンを掛け違えてしまった。

池上　戦闘が始まった直後のアメリカ国民に向けた演説で、「ハマスとプーチン大統領は異なる脅威であるが、どちらも隣接する民主主義国を完全に消滅させたがっている点は共通している」と、同列に並べましたからね。

佐藤　「（ウクライナとイスラエルへの支援は）賢明な投資で、何世代にもわたってアメリカの安全保障に利益をもたらす」と述べたバイデン大統領は、ウクライナ戦争とガザ紛争の本質的違いを理解していません。あの時点で、

「ロシアの侵略は許せないけれども、これはウクライナ戦争とは位相が異なる。ハマスとの戦いは、アルカイダや『イスラム国』（IS）と同じテロ組織との戦いだから、イスラエルによる殲滅《せんめつ》作戦を支援する。テロリストの掃討なのだから、ロシア、中国とも利益は共通する。習近平もプーチンも協力してくれ」

というフレームで始めればよかったんです。超大国の指導者がどういう頭づくりをしているかによって、物事の組み立ては変わってくるんです。

■メディアの報道も勘違い

池上　メディアの報道にも、勘違いがあります。

佐藤　イスラエルがガザで展開している「地上での軍事作戦」について、日本のメディアの多くは「地上侵攻」と表しています。しかしこの表現では、イスラエルとガザとの基本的関係が見えなくなる。「侵攻」とは、「相手国家の主権を侵害して攻撃すること」ですが、

ガザは「主権国家」ではない。「地上侵攻」は、「イスラエルが国際法に違反している」というハマス側に立った表現で、少なくとも「中立的」ではありません。

池上　佐藤さんはその点を指摘されています。朝日新聞デジタルの二〇二三年一〇月二〇日付の記事「ガザ地上侵攻に突き進む「イスラエル」」に対するコメントで、「現時点において、イスラエルの行っていることが、自国の存続を守るための行為なのか侵攻なのか判断するのに十分な客観的情報がないから」、佐藤さん自身は「イスラエル軍による地上作戦」という表現をあえてしている、と。佐藤さんがコメントした後、朝日新聞では「地上作戦」という表現が増えた印象をもっています。

■なぜイスラエルは強硬なのか

池上　「それにしてもなぜイスラエルはここまで強硬なのか」「なぜ停戦や和平に向かわないのか」と多くの日本人が疑問に感じています。

佐藤　イスラエル人は「これはイスラエルに対する攻撃ではない。ユダヤ人絶滅を図る攻撃だ」と受けとめているようです。「ユダヤ人の存続をかけた戦い」とみなしているからこそ、反撃が過剰になりがちになる。

「我々は全世界に同情されながら死に絶えるよりも、全世界を敵に回してでも戦い生き残る」が、ホロコーストを経験したイスラエル国民の総意です。

イスラエルは、国家としての「自衛権」というより、ユダヤ人とイスラエル国家の「生存権」の行使としてハマス掃討作戦を展開しています。そう対応せざるを得ないのは、ハマスの方が、領土や利権をめぐる争いではなく、「ユダヤ人であるがゆえに地上から消滅させる」という「属性排除」の論理で動いているからです。ナチスと同じ論理で、イスラエルの乳児が意図的に殺害されているのがその証しです。ガザの病院での戦闘で乳児が巻き込まれたという話とは明らかに異なります。

池上　イスラエル政府はその点をとくに強調して、「ハマスの行為は人道に対する罪だと知ってほしい」と訴えていますね。

佐藤　デーリー・テレグラフ紙（二〇二三年一〇月一二日付）はこう伝えています。

〈イスラエル政府は、ハマスのテロリストに殺害された乳児の遺体と思われる生々しい写真を公開した。小さな遺体袋の中に、ベビー服とおむつを着せられたままの血まみれの乳児が横たわっている。乳児の顔はぼかされている。白いオーバーオールを着た二人のイスラエル人法医学者の手袋をはめた手が背景に見える。「これは、これまで掲載した中で最も見るに堪えない画像です。この文章を書いているとき、私たちは震えています」「私たちは掲載するかどうか何度も迷いましたが、皆さん一人ひとりに知っていただく必要がある。これは起きたことです」とイスラエル政府外務省はX（旧ツイッター）に投稿した。／イスラエルのベンヤミン・ネタニヤフ首相はさらに踏み込んで、乳児の黒焦げの遺体を写した写真を数枚公開した。ネタニヤフ氏は「ハマスの怪物によって殺され、焼かれた乳児の恐ろしい写真だ。ハマスはＩＳＩＳ（イスラム国）と同じだ」と〉

■ハマスとパレスチナの区別

池上　ハマスの戦闘員が撮影した動画をイスラエル側が入手して一部を公開していますが、「もう僕も死ぬんだ」と泣き叫ぶ子供の隣で戦闘員が家の冷蔵庫を開け、コーラを飲んでいる、という目を背けたくなる惨《むご》たらしい動画もありました。

　ここでやはり「ハマス」と「一般のパレスチナ人」を区別する必要があります。ハマスがイスラエルを攻撃する度に必ず報復攻撃を受けることから、ガザ地区のパレスチナ住民の不満が高まり、七月には数千人規模の「反ハマスデモ」も起きている。今回のハマスの攻撃は、住民の離反に焦った執行部が、敢えてイスラエルを挑発して報復させ、ガザ住民のイスラエルに対する怒りをかき立てるためだったとも解釈できる。

佐藤　確かにその面があります。イスマイル・ハニヤを始めとするハマスの幹部がどこにいるか、という問題もある。

池上　幹部の多くがガザではなく、安全なカタールでかなり裕福な「セレブ生活」を送っているようです。

佐藤　自分の子供たちを学費の高いインターナショナルスクールに通わせたりしています。かつてのハマスは、ファタハ幹部の「腐敗」に対して、その「清貧さ」に魅力があって、実際、貧者救済に尽力していました。

私のインテリジェンスの恩師は、元モサド（諜報特務庁）長官エフライム・ハレヴィです。彼は「イスラム系テロ組織の特徴、やり口から判断するに、根本的な解決を図るには、完全なる殲滅以外に方法はない」と断言しているのですが、彼の回想録（『イスラエル秘密外交』新潮文庫）では、ユダヤ教聖職者と、ハマス創設者で精神的指導者アハマド・ヤシン師の印象的なやりとりについても触れています。

〈ブリュッセルにいたとき、（略）ラビ（ユダヤ教聖職者）メナヘム・フルーマンに会う機会があった。フルーマン師はなんと刑務所に収監中のヤシン師とたびたび面会していた。彼らは宗教、神学、その他の哲学的な問題について語りあったという。（略）師にとってヤシンはあくまで凶悪な敵であった。それでもフルーマン師は、不倶戴天の敵同士であっても、然るべき形で対話を進めれば、肯定的な結果が生まれる可能性はあると信じていたようだ〉

この記述からは、ハマスも当初は、ある種の〝気高さ〟を誇る存在だったという印象を受けます。

池上　それに対して、今のハマス幹部はかなり腐敗していて、それがガザ住民の不満につながっている。

佐藤　イスラエルの建前としては、「ガザのパレスチナ一般住民」は保護の対象です。だから、一軒一軒しらみつぶしに「ハマス」と「その協力者」を掃討しながら「一般住民」を保護していくしかない。これには少なくとも数カ月はかかります。

厄介なのは、民主的選挙でガザの自治政府を握るハマス関係者が、おおざっぱに言えば、「二割が戦闘員（約三万人）で残り八割は一般人」であることです。公務員、教師、医師、看護師のなかに多くのハマス関係者がいる。彼らをどう扱うか。ハマスから離脱してイスラエルに敵対しないならば見逃しますが、ハマスへの協力を続けるならば、非戦闘員でも同調者、加担者とみなさざるを得ない。

ここで参考にすべきなのが、ユダヤ人哲学者アーレントが書いた『エルサレムのアイヒマン』です。

池上　アイヒマンは、ナチスの秘密警察ゲシュタポのユダヤ人移送局長官ですね。

佐藤　裁判でアイヒマンは「ユダヤ人殺害に私は直接手を下していない。任務に忠実な役人として収容所にユダヤ人を送る列車のダイヤグラムを書いただけだ」と釈明します。

■ナチスに近いシステム

池上　アイヒマンは、戦後、アルゼンチンに逃亡していたのをモサドが発見してイスラエルに連行。ユダヤ人虐殺の張本人として裁判にかけましたが、罪の自覚がないその姿に、「ひどい言い逃れだ！　彼こそ悪の中心だ！」と、イスラエル検察もイスラエル国民も激しく憤ります。

佐藤　ところがアーレントだけは、「確かにアイヒマンの言っている通りだ」と主張します。「検事のあらゆる努力にもかかわらず、この男が〈怪物〉でないことは明らかだ」「もっと困ったことに、アイヒマンは正気ではないユダヤ人憎悪や狂信的反ユダヤ主義の持ち主でもなかった」と。

池上　それがアーレントの言う「悪の凡庸さ」ですね。

佐藤　その上でアーレントはアイヒマンにこう反論します。「ユダヤ人であるという理由だけで私たちを地上から抹消する、というシステムにあなたは加わった。積極的に行動したか命令に服従したかは本質的違いではない。私たちにはそういうあなたと一緒に地上にいたくないと言う権利がある。これが、あなたを死刑に追いやる唯一の理由だ」と。

　この議論は、当時、ほぼ理解されず、『エルサレムのアイヒマン』もつい最近までヘブライ語に訳されていなかった。しかし、当時受け入れられなかった論理が、現在、ハマスに適用されています。「公務員や教師や医師や看護師たちは、確かにハマスの戦闘活動に直接従事してはいない。しかし、システムの一員としてハマスを支えている」と。ハマス掃討作戦は、アーレント理論の適用でもあるといえます。

池上　そこが佐藤さんとスタンスが少し異なる点かもしれません。アーレントの理論を適用されるのは、ガザ住民にはかなり酷だと思うんです。たとえば、イスラエルのスパイだと疑われたパレスチナ人が処刑されたり、ハマスに協力しないことで殺されたりするような「恐怖支配」が敷かれている。そんななかで結果的に何も言えずに「お前は黙ってハマスに従った」と糾弾されても、「従わざるを得なかった」と答えるしかない人はかなりいるはず。

佐藤　その点でも、ハマスはシステムとしてナチスに近いといえます。ハマスと完全に無関係でいられるのは、ファタハの活動家だったり、しっかりした思想の持ち主だったり、経済基盤が確立している人など、ナチス支配下のドイツ人と同じように、ごく一部に限られるでしょう。ほとんどの人が何らかの形でハマスのシステムに組み込まれ、大なり小なり「共犯関係」がある。

■実際に区別するのは困難

池上　しかしその程度の「共犯関係」で「ハマス協力者」として掃討するのは酷ではないでしょうか。

佐藤　「ハマス掃討」と言っても、イスラエルが企図しているのは「中立化」です。無力化さえできれば、「殺害」「逃亡」「帰順」のいずれでもいい。「ユダヤ人（=属性）」はやめられませんが、「ハマス」はやめられます。ガザ北部の住民に南部への避難を勧告しているのも、「南に行けばハマスとは見なさない。中立化されたとして殺害対象にはならない」というハマスの非軍事要員へのシグナルでしょう。

池上　「ハマス」と「パレスチナ一般住民」の区別が必要だとしても、実際に区別するのはかなり困難ではないですか。

佐藤　おっしゃる通りで、逃げ出そうにも見せしめ的にハマスに殺害される危険があるなかでは「この外科医は、ハマス戦闘員を再び戦場に出そうと自発的に協力しているのか。逃げたら殺される危険があるからここにいるのか。本人が逃げたら家族がやられる危険があるのか」といった見極めが必要になる。しかし戦闘が続くなかで、そんな見極めができるのかという問題は確かにあります。

逆説的に聞こえますが、「疑わしきは殺す」というテロ対策の原則を実践していたら、ハマスの掃討はとっくに終わっているはずです。それができないのは、イスラエルの普通の国民にもエリートにも人権感覚が備わっているからです。イスラエルは国際世論の人権圧力に非常に敏感です。国際的なメディアによって「イスラエルの報復は明らかに過剰である」と報じられ、特にアメリカの世論がイスラエルに対して厳しくなっているからです。その上で、ハマスを中立化することがユダヤ人とイスラエル国家が生存する上で不可欠だというコンセンサスがイスラエル社会にあります。

■ロシアと似ているイスラエル

池上　アルジャジーラの記者がガザにいて、現地の悲惨な映像をたくさん流しています。カメラマンや記者に犠牲者が出ても、頑張って発信していますからね。イギリスのＢＢＣもガザの悲惨な状況を積極的に報じていますが、アメリカのＣＮＮはイスラエルが被害者だというスタンスです。

佐藤　イスラエル国民も外国でどのような報道がなされているか知っています。太平洋戦争における沖縄戦で米軍が行ったように、トンネルに向けて火炎放射器を使えば中立化が簡単にできますが、二一世紀の国際社会には到底許されません。

　イスラエルにとってハマスとの戦いは、チェチェン紛争のときのロシアの感覚に近いのかもしれませんね。

池上　チェチェン紛争というのは、ロシア連邦のひとつであるチェチェン共和国の分離独立運動ですね。独立を認めないロシアは、一九九四年から一九九六年と、一九九九年から二〇〇九年の二度にわたって武力介入を行ないました。チェチェン側はロシア国内で爆弾テロなどを行なったとされ、独立派にイスラム過激派組織アルカイダが加わったために、プーチン大統領は「テロとの戦い」という大義名分を掲げました。

佐藤　ロシアとイスラエルのやり方は、似ているんじゃないですか。ガザでイスラエルの国軍がやっているのは、ウクライナのバフムートでロシアがやっていることと同じでしょう。ウクライナのネオナチを殲滅するが、バフムートの住民はロシア人だから保護する。そのため民間軍事会社ワグネルが一軒一軒訪問してテロリストを掃討する。ただし戦闘員と民間人を間違えてしまうこともある、というロジックです。

池上　ああ、そうかもしれませんね。

佐藤　ウクライナ人はロシア人の同胞で敵にしているのではない、と。ただし、ゼレンスキー政権を支持するシステムに積極的に加わっている人は民間人でも中立化の対象になるというのがロシアの論理です。イスラエルも、パレスチナ人を敵にしているのではなくて、ハマスというシステムに入っているなら、行政官も小商店主も殲滅するというわけです。

　このようにロシアとイスラエルの論理はよく似ています。

池上　イスラム法には「敵を殺すために敵のところまで到達するためには、邪魔になる女子供を殺してもよい」という規定があります。「ハマスは一般住民を人間の盾にしている」

とイスラエルは非難しますが、「戦争のときに女子供を盾にする」のは、イスラム法では許される。「みな天国に行く」からです。

佐藤　ここまで私は、イスラエルの「内在的論理」の説明を試みてきましたが、そもそもなぜハマスの攻撃を防げなかったのか。私はそこにイスラエル国家の「劣化」を感じます。

池上　ハマスの攻撃を許したのは、優秀と言われてきたイスラエル情報機関の大失態ですね。ガザはイスラエルでは国内扱いですから、対外情報を担当するモサドは管轄外で、シンベト（治安・テロ対策機関）やアマン（軍諜報機関）の責任です。いずれもが、大規模攻撃に関する情報を入手できなかった。ハマスは電話やメールでのやりとりを避け、少数の幹部が地下トンネルを通じて直接会って、作戦を練っていたんです。

■インテリジェンス機関と軍が劣化した要因

佐藤　ハマスによる攻撃の翌日、私は親友のモサド元幹部とオンラインで話し合いました。彼の話の要点は以下の通りです。

（1）今回のハマスによる攻撃で、イスラエルは過去半世紀で最大の打撃を受けた。インテリジェンス、軍事作戦、政治の三つの面でイスラエルは深刻な過ちを犯した。

（2）インテリジェンスに関してモサドを含む情報機関は、今回のハマスの攻撃に関する情報を全く入手できなかった。これは深刻な失態だ。

（3）イスラエル軍は、ハマスの攻撃を初動において鎮圧できなかった。イスラエル軍の機動力が劣化していることを示す事例だ。

（4）政治的にはネタニヤフ首相には、自身への権力集中と、自身が宗教右派勢力に過剰に依存し、パレスチナとの緊張をイスラエルの安全保障上の脅威をもたらすところにまで高めてしまった責任がある。また、インテリジェンス機関も軍も、ネタニヤフ首相の下で士気が下がり、緊張感を維持できず、プロとして基準に達する仕事ができていなかったことも軽視できない。究極的には、ネタニヤフ首相が責任を負うべき政治問題だ。

（5）イスラエル軍がハマスを軍事的に制圧する力を十分持っていることについては疑いの余地がない。それゆえ、この戦争にイスラエルが敗れることはない。ただし、これだけの犠牲を生むような事態を招来したことについては、インテリジェンス機関、軍、政治のそれぞれが責任を負わなくてはならない。ネタニヤフ首相と宗教右派が最大の問題であることについてイスラエルのエリート層の間ではコンセンサスがある。いずれにせよ今回の事態を経てネタニヤフ首相は安泰ではいられない。

（6）現時点で最も注意しなくてはならないのは北部のレバノン国境地帯の動静。ヒズボラが本格的な軍事攻勢を始めた場合、イスラエル軍は二正面作戦を余儀なくされ、国民の犠牲者が飛躍的に増える。

（7）今回のハマスの攻勢に関するイランの関与について、自分は正確な情報を有していないが、事態の深刻度に鑑みイランの政権幹部や革命防衛隊幹部が直接関与し、リスクを取るとは思えない。ただし、ハマスもヒズボラも現場レベルではイランの支援を受けている。攻撃の現場レベルではイランが何らかの関与をしていたとみるのが合理的だ。

　インテリジェンス機関や軍が劣化した要因のひとつは、ネタニヤフ政権による「司法制度改革」です。

池上　イスラエルの最高裁判所には政府決定を取り消す権限があったのに、七月にこの権限を無効にする法律が議会で可決されました。この〝改革〟はネタニヤフ自身の汚職有罪の回避が狙いとも見られ、三五万人の抗議デモまで起きています。

佐藤　一万人以上の予備役が兵役拒否の署名をするという前代未聞の事態も起きている。ハマスの攻撃の前にネタニヤフ政権下で軍隊の士気が下がっていたことは間違いない。

池上　だからこそ、ネタニヤフ首相は、強硬な宗教右派勢力にますます依存するようになるわけですね。

■入植者への反発

佐藤　穏健なヨルダン川西岸でもイスラエルが難民キャンプを空爆しているのは、宗教右派への過剰依存の現れです。

池上　イスラエルの右派は、「オスロ合意があろうがなんだろうが、ここは神様から与えられた我々の土地だ」という理由で入植地を作り、イスラエル政府は「自国民を守るため」という理屈で壁を作り、軍を配備します。私はヨルダン川西岸の入植地で、イスラエル人の子供たちが使うスクールバスに防弾ガラスが使われているのを見ました。パレスチナ側からの銃撃に備えてです。過去に、イスラエル人入植者がパレスチナ側からのテロに怯えながら暮らしていたのは事実です。

しかし最近になって顕著なのは、むしろイスラエル人入植者のほうが、もともとその周辺に住んでいたパレスチナ人に嫌がらせや襲撃を始めていることです。日本ではあまり報道されませんが、入植者の暴力に対するパレスチナ人の反発はかなり大きくなっています。ヨルダン川西岸のパレスチナ自治政府は、あまり文句を言いませんし。

■焦っていたハマス

佐藤　そもそもハマスのテロはなぜ起きたのか。ネタニヤフ政権がパレスチナを追い込みすぎたのが一因です。

ガザ住民は、ハマスにさえ抗議デモをするほど追い詰められていた。さらにサウジアラビアとイスラエルの国交正常化交渉も始まっていた。こうした動きを受けて、ハマスはかなり焦っていたのです。

二〇二〇年八月にトランプ大統領の仲介によって、アラブ首長国連邦とイスラエルが国交正常化についての和平協定「アブラハム合意」を結んだことで、中東の常識はガラッと変わりました。

それ以前に私もほかの専門家もみんな間違えたのは、アメリカ大使館をエルサレムへ移転させたら第五次中東戦争になると思っていた。しかし二〇一八年に移転が実行されても、インティファーダ（民衆蜂起）さえ起こりませんでした。トランプだけが事態を正確に予想していたわけです。

池上　その後、バーレーン、スーダン、モロッコというイスラム教の国もイスラエルと国交を結び、ついにサウジまで追従する動きを見せるに至りました。今回の紛争勃発前に、バーレーン、クウェート、ドバイを回りましたが、現地では、サウジの使節団によるパレスチナ自治政府への訪問が報じられていました。「来年、イスラエルと国交正常化する」と仁義を切りに行ったわけですね。

佐藤　ハマスは、「このままでは見捨てられる。じり貧になって自壊するしかない」というくらいの恐怖感をもったのではないか。この焦りがハマスをテロ攻撃に走らせた。

池上　ガザに暮らすパレスチナ人がハマスをどう見ているのかが、日本ではよく伝わっていないと思います。過去にイスラエル兵が数人殺されると、ガザは激しい空爆を受けました。イスラエルへ攻め込んで一般人をたくさん殺せば、イスラエルが激怒してこれまで以上の報復に出ることは当然予想できたことです。ハマスはそれを想定した上で今回の奇襲を行なったわけで、パレスチナではイスラエルへの反発と同時に、ハマスに対する怒りの世論も沸きたっています。

■ネタニヤフは変質してしまった

佐藤　いずれ、パレスチナ側を追い詰めすぎて自国の安全を危うくしたネタニヤフは、政治責任を問われるでしょう。同時に、起訴されている汚職疑惑でも有罪になる確率が高い。

池上　ネタニヤフとしては、ハマスとの戦闘が終われば責任が問われますから、長引いたほうが都合がいいんです。現在のように戦時内閣を組んでおけば、野党も内閣に協力せざるを得ない構造を作れますから。

佐藤　もっとも、そんな魂胆は、イスラエル国民から見透かされています。しかし本人には、見えていないようですね。

　ネタニヤフの首相就任からまもない一九九七年、のちにモサド長官となるハレヴィは当時駐EU大使だったのですが、メシャル事件（ハマス有力指導者メシャルの暗殺に失敗したモサドの複数の要員がヨルダンで囚われた）を受けて、急遽、呼び出されてヨルダン国王との交渉に臨み、ハマス創設者の釈放という大胆な提案で要員の奪還に成功します。

　イスラエルで終身刑で服役中だったハマス創設者のヤシン師を釈放するというハレヴィの提案に皆が反対するなかで、政治的リスクをとってこれを許可したのが、ネタニヤフでした。

　ハレヴィは〈ネタニヤフはありとあらゆる詳細情報と複雑多岐にわたる考慮事項を瞬時に理解し、事態を統御するという恐るべき才能の持ち主〉〈実行中の作戦に「緊急事態」

が発生したようなときには、ネタニヤフは自分の部下に惜しみない支援をあたえた〉〈自ら進んで攻撃の矢面に立ってくれたことについては、彼の永遠の功績として賞讃したい〉と記しています。

「一九九七年のネタニヤフ」と「二〇二三年のネタニヤフ」は、同一人物とはとても思えません。先にも述べた私の師、ハレヴィ元モサド長官は、かつてネタニヤフを高く評価していました。権力を長く握りすぎたことで、ネタニヤフほどの男も変質してしまったのではないか。

■ヒズボラの狙い

池上　現在、レバノンにいるイスラム武装組織ヒズボラがイスラエルにミサイルを打ち込んでいて、緊張が高まっています。イスラエル軍をレバノン国境付近に引きつけて戦力を分散させ、「ガザ地区のパレスチナ人を支援する」のが、ヒズボラの狙いです。

しかし、イスラエルがレバノン南部を空爆してヒズボラの司令官を殺害したのは、明らかな挑発です。戦闘を長引かせたいネタニヤフ首相の個人的な利害が理由ではないですか。

佐藤　ハマスは野戦グループのネットワークですから、指導者を殺してもあまり意味がありません。ヒズボラはヒエラルキー型の軍隊になっていますから、司令官や参謀総長を殺せば統率が取れなくなります。その意味では司令官をターゲットとすることには軍事的合理性があるといえます。

ネタニヤフ首相の考えが、イスラエルの軍事エリートやインテリジェンスエリートと一緒で、ヒズボラの攻撃が近いという危機感を指導層全体で共有しているとすれば、戦闘停止を実現するのは難しい。

■最悪のシナリオ

池上　激怒しているヒズボラを、全面戦争を避けたいイランがおそらく背後で止めているはずですが、止められなくなったら、大変です。佐藤さんの親友のモサド元幹部の分析によれば、今後、最も懸念すべきは、ヒズボラとイスラエル軍との戦闘が本格化して、紛争がレバノンに飛び火することですね。

佐藤　それが最悪のシナリオです。核使用の恐れがあるからです。米国が二つの空母打撃群を一時東地中海に派遣したのも、そのためです。

池上　もともとヒズボラは、一九八二年のイスラエル軍によるレバノン侵攻の際に、「周辺国への革命の輸出」を任務とするイランの革命防衛隊によって創設されました。イスラエルが侵攻したのは、ガザやヨルダン川西岸でパレスチナ人による自治が始まる前に武装闘争をしていたPLOの拠点がレバノンにあったからです。イランの支援でヒズボラの軍事力が強化され、イスラエル兵の犠牲が増えたために、レバノン南部に駐留していたイスラエル軍も、二〇〇〇年に撤退します。

ヒズボラ戦闘員は現在、最大四万五〇〇〇人。ハマスよりはるかに強大で、レバノン政府軍をも上回る軍事力。国会議員も出し、レバノン統治の責任を実質的に負っています。

佐藤　イスラエルが二正面作戦を余儀なくされる場合、レバノン南部で核を使う可能性が高まります。レバノン南部にはイスラエル駐留軍も、それをサポートしていた民兵組織の南レバノン軍もいない。だからイスラエルは、ユダヤ人ならびにイスラエル支持勢力の犠牲を気にせず、核が使えるのです。

■核の使用は「選択肢のひとつ」

池上　先日、イスラエルの閣僚の一人がガザ地区への核兵器使用も「選択肢のひとつだ」と発言して物議を醸しましたが、この発言自体が「核を持っている」とも「持っていない」とも明言しないイスラエルの従来の方針から外れていますね。

佐藤　しかし、イスラエルがガザで核使用することは一〇〇％ないでしょう。地中海沿岸では風が西から東に吹いているからです。死の灰がテルアビブやエルサレムに降ってきます。当然、ネタニヤフは即座に「現実とかけ離れている」と否定しましたが、興味深いのは、この閣僚を閣議出席停止にはしても罷免していないこと。こうやって核の脅威をちらつかせるのは、ヒズボラへのシグナルです。

池上　ヒズボラは今後どう動くのか。その鍵を握るのはイランですが、現状ですでにイランは政治的利益を得ているので、これ以上の戦線拡大は望んでいない、とも言われていますね。

佐藤　モサド元幹部も、現時点での分析としては、イランの政権や革命防衛隊幹部は、これ以上のリスクは取らないだろうと見ています。

池上　イランが中国の仲介でサウジアラビアとの国交正常化に合意し、ライシ大統領がサウジを訪問してムハンマド皇太子と会談したのも、緊張よりもこの地域の安定を求めているからでしょう。

■劇的に変わりつつあるサウジ

佐藤　その点はサウジも同じで、今回の紛争勃発で凍結されたものの、イスラエルと国交正常化交渉を始めていました。

池上　私も先日サウジで現地取材したのですが、驚くほど劇的に変わっていました。政治的発言の自由はありませんが、厳格なイスラム国だったのが、女性も髪を隠さない。マクドナルドでも、「男性用」と「家族用」（女性は家族と一緒でないと外出できなかった）と別だったのが、どんなレストランでも性別に関係なく自由に入れる。一人で車を運転する女性もいる。「宗教」を申告する入国カードもなく、いまは観光ビザで入国できます。

佐藤　以前は「無神論者」と記入すると入国できませんでした。

池上　アルコール類の持ち込みをチェックするため、以前はスーツケースをすべて開けさせられていたのが、今はエックス線を通すだけ。映画館などが次々にできて街並みもすっかり様変わり。とくに「ザ・ライン」という全長一七〇キロの直線型高層都市の建築現場は圧巻でした。

　ムハンマド皇太子のもとで、サウジが「ポスト石油の時代」に向けて脱皮しようとしている本気度を感じます。そういうサウジにとって、この地域の情勢が緊張するのは、決してプラスではないでしょう。

■イスラム周辺国の「本音」

佐藤　サウジは、石油資源に依存した植民地的構造から自助努力によって脱植民地化を図ろうとしています。ところで現地ではハマスへの支持や共感は感じられましたか？

池上　全く感じませんでした。

佐藤　そうだと思います。近隣のイスラム諸国でスンニ派のハマスを支援しているのは、シーア派のイランだけ。一見、不思議な構図ですが、シーア派だからこそイランは心置きなく支援できる。ハマスはスンニ派の国でしか暴れないからです。シーア派はＯＳでいえば少数派のＭａｃです。スンニ派はウィンドウズとすると、ハマスというアプリは、スンニ派というウィンドウズでしか機能しない。だからこそイランは心配不要。サウジやヨルダンなどスンニ派の国にとってハマスは、「イスラム国（ＩＳ）」と同類のテロ集団でしょう。ハマスの影響を受けて国内が混乱するのを恐れています。そうしたスンニ派の諸国としては、「パレスチナ支援」を口にしても、ハマスを掃討してから、というのが本音でしょう。ハマス掃討はイラン以外はみな賛成。イスラエルにはその「本音」が見えているわけです。

池上　たしかにこの戦争が波及しているのは、イランが深く関与している地域ですね。二〇二四年一月二八日に、ヨルダン北東部に駐留する米軍基地が親イラン武装組織のドローンによる攻撃を受け、三人の兵士が死亡しました。バイデン大統領は一週間も経たない二月二日から、報復のためにシリアとイラクで空爆を始めました。

　イランが、ハマスやヒズボラ、フーシ派などの武装組織を支援する目的は、シーア派の権益や安全を確保することだと思います。イラクに一部残っている米軍が出て行けば、イランは大喜びです。それによって、イラクの東半分はシーア派が握れるし、サウジアラビアの東部の一部分にも実はシーア派がいます。

佐藤　あの辺は、石油がよく出ますからね。

池上　そうなんです。シーア派にとっては、「アッラーは、我々のために石油を用意してくれた」というわけです。

■第五次中東戦争の可能性

佐藤　いまは各地の武装組織にストップをかけているイランがゴーを出した場合、本当に第五次中東戦争が起こりかねません。しかも、今までとは異なり、イランもイスラエルも事実上、核を保有しています。核の応酬になりかねないところまで、現在の中東情勢は緊迫してしまったといえます。

池上　サウジとしては、ようやく地域が安定に向かっていたのをハマスに邪魔された面がありますね。

佐藤　パレスチナ難民を多く抱えるヨルダンも、ハマスの強大化は絶対に認められません。

池上　ガザ地区とのラファ検問所を開こうとしないエジプトも同様です。「ガザ地区の住民をシナイ半島に送って、そこにパレスチナの街をつくればいい」と発言したイスラエルの閣僚が過去にいましたが、シナイ半島にハマスの拠点ができるなんて、エジプトにとって悪夢でしかない。

歴史的にみればガザ地区ができたのは、第一次中東戦争でエジプトが占領したからです。その意味では、エジプトにも一定の責任があり、せめてケガ人だけでも通すような人道的な措置をとるべきなのに、検問所を開くことに消極的なのは、ハマスの浸透を恐れているからでしょう。

佐藤　ただし地下トンネルがガザ地区からエジプトに通じていて、武装勢力が流入したり、ハマス戦闘員が人質を連れて逃げ出している可能性もあります。そのことはイスラエルもわかっているけど、エジプトと戦争になるのを恐れて、言えないのです。

■「ハマス後」のガザの統治は

池上 かりにハマスを全滅させたとして、そのあとガザをどうすべきか。ネタニヤフ政権の中の極右勢力は、「イスラエルが占領する」と言っています。

佐藤 それは非現実的です。ガザに壁を作って囲んだ理由は、自爆テロを防ぐためでした。軍事占領すれば自爆テロが頻発するのは必至ですから、殺されに行くようなものです。

池上 そうなんです。イスラエルによる占領は駄目。かといって、ヨルダン川西岸地区を統治するファタハは、ガザのパレスチナ人から信頼されていない。ファタハでも駄目だということになると、結局はエジプトやサウジ、あるいはカタールが出てくるしかありません。

佐藤 オスロ合意が崩壊したいま、新しいシステムを作っていくために、おそらくエジプトが乗り出してくるでしょうね。アメリカを抜きにして、エジプト、サウジ、トルコといった中東諸国が主体となった形で二国制度を作り、その中にファタハを組み込んでいくのではないかと思います。

池上　エジプトに対しては、「歴史的責任があるだろう。何とかしろ」という国際的な圧力が高まってきますね。

佐藤　ロシアでは、エジプトが主導となって、ハマスと武装組織「イスラム聖戦」を入れた新しいPLOを作り、ガザとヨルダン川西岸の両地区を統治できる勢力にしていく、と見ています。

池上　うーん。イスラム聖戦はハマスについていくでしょうけど、エジプトがハマスを取り仕切れますかね。

佐藤　ここでロシアがいう「ハマス」は、ハマスといっても、今回の戦闘でイスラエルを武力で撲滅するという連中が一掃されたあとの「新しいハマス」です。ファタハの現幹部を追い出して、彼らの持っている金と利権を、新しいPLO指導部に引き渡すというシナリオです。

重要なのは、アメリカの影響下にある現在のPLOではなくなることです。ハマスの台頭を許し、パレスチナ問題がここまで悪化した、そもそもの原因はファタハの腐敗です。これには、ファタハが腐敗しているほうが統治しやすいと考えたイスラエルにも責任があるわけです。

池上　実現するかどうかはともかく、現実的な案はそれでしょうね。

■イスラエルもグローバルサウスに

佐藤　戦争が長引くなか、総動員体制を取っているイスラエルの経済は、限界に近づいています。国内のユダヤ人七〇〇万人のうち、およそ五〇〇万人が動員されており、その多くは二〇代、三〇代の働き盛りで、ＩＴなどの主要産業に従事している人たちです。戦闘の長期化より経済のほうが、大きな課題になりつつあるんです。

　戦争終結の段階になれば、池上さんが問題視しているヨルダン川西岸地区への入植も、今後は止まると思います。

池上　たしかに国力が落ちれば、イスラエル軍も入植者を守る余裕がなくなりますからね。

佐藤　じつは、これもグローバルノースからグローバルサウスへという大きな流れの一環だと考えることができます。アメリカと一体になっているイスラエルは、「グローバルノースの中東における出先」という位置づけでしょう。しかしそれが本当にイスラエルの今の国益に合致するのかと考えると、今後は疑わしくなってくる。すると、イスラエルが生き残りのために、エジプト、サウジ、トルコなどの地域大国が仕切るグローバルサウスの枠組みへ引き寄せられていく可能性があります。

そのときイスラエルの保証人になるのはロシアという可能性が十分あります。イスラエルは、ロシアに制裁をかけていません。アメリカとヨーロッパの影響力が弱くなった中東へ、ロシアが進出してくることもありえます。

池上　一九世紀にロマノフ王朝のロシア帝国が、領土拡大を図って実行していた「南下政策」の再現ですね。

佐藤　少なくともシリアは、ロシアの言うことを聞かざるを得ません。ロシアと結ぶことで、イスラエルとしては安全保障上の懸念が軽減するわけです。こうして中東の勢力図が変わる可能性があります。

一方、中東の盟主であるサウジアラビアは、面倒なパレスチナ問題には巻き込まれたくないけれども、イスラム教の聖地であるエルサレムの管理には参加したい。最終的には本来のエルサレム分割案に戻るんだけれども、やっぱり東エルサレムがパレスチナの首都になると思うんです。イスラエルがエルサレムを首都だと主張するなら、西エルサレムに限る。

池上　私は、ひとつの解決策を思いついたんです。「イスラエルの首都はエルサレムである。パレスチナの首都はアルクドゥスである」と決めるんです。アルクドゥスとは、アラビア語で「聖なる地」つまりエルサレムを意味するだけなんですが。

いまだって、ユダヤ教の聖地「嘆きの壁」はユダヤ人が、そこから階段を上ったところにあるイスラム教の聖地「神殿の丘」はイスラム教徒が、別々に管理しています。階段の上では、双方の警備陣が仲良く一緒に警備しています。神殿の丘に入る入口には、ユダヤ人向けにヘブライ語で「ここから先は聖地であるから、みだりに入るべからず」と書いてあるんです。

佐藤　最終的な落とし所として十分検討に値します。ただしイスラエルとパレスチナの不信が極点に至している現状では、こういう落とし所についての話をすること自体が難しいと思います。

池上　いずれにせよ、こうした状況下でパレスチナの人々が次々に殺されていく。それを見るのは本当につらいです。

第二章　アジアの均衡が崩れるとき

■現状維持を望んだ台湾のバランス感覚

佐藤　プロローグのはじめに、現在のメディアなどでは、中国はグローバルサウスに含まれないという話がありましたが、本書における定義では、中国はまさにグローバルサウスの盟主的存在ともいえます。

池上　人口の多さ、経済成長をベースにして、国際社会での存在感を強めてきた。自国中心主義的な地域大国という点では、まさに今回、私たちが論じているグローバルサウスの代表ともいえます。

その中国の動向で、いま、最も国際的に注目されているのが、習近平が台湾侵攻をするのか、もしするならいつ行うのか、という点です。

佐藤　そこでまず注目したいのが二〇二四年一月一三日に行なわれた台湾の総統選挙ですね。与党・民主進歩党（民進党）の頼清徳《らいせいとく》氏が当選しました。得票率は四〇・〇五％。対抗馬となった中国国民党の侯友宜《こうゆうぎ》氏は三三・四九％で、台湾民衆党の柯文哲《かぶんてつ》氏は二六・四六％という結果です。どう見ていますか。

池上　総統選と同じ日に、日本の国会に当たる立法院委員選挙も行なわれました。こちらは定数一一三議席のうち、国民党が五二議席を獲得して第一党となりました。民進党は五一議席で、単独過半数を獲得できませんでした。汚職や不正が相次ぐ民進党の政治に対して不満もあるので、国民党が伸びたとされていますが、総統選では民進党が勝った。投票率は下がったものの、頼氏の得票は五五八万六〇一九票でした。

　つまり、台湾の民意は現状維持を望んだ、ということでしょう。歴史的経緯からすれば、もともと国民党は中国大陸からやってきた蔣介石《しょうかいせき》の流れをくむ政党で、どちらかというと中国寄り。民進党はその国民党独裁に対抗してできた台湾初の野党で、綱領には「台湾共和国の建設」が掲げられ、大陸からの独立が謳われている。しかし、政権与党となった現在は、中国との統一にはもちろん反対ですが、「台湾はすでに主権国家である」という立場で、現状維持路線をとっています。

「民進党は、当面は独立を考えないと言っているから、このままでいいんじゃない？　アメリカの後ろ盾も欲しいしね」というわけです。過去八年続いた民進党・蔡英文政権に対する飽きはあるけれども、国民党政権への交代は嫌だと。

佐藤　まさに、台湾のもつバランス感覚ですね。アジア情勢を語る際のキーワードになると思うのは、いまのお話に出た現状維持、すなわち「ステータスクオ」です。台湾の場合、国民党政権に代わればパワーバランスが急速に変わるので、アメリカとの関係も大陸との関係も大混乱になる恐れがあります。しかし、民進党が勝ちすぎても、ハレーションが心配になる。それは避けたいという民意ですね。

日本の政治に置き換えて考えれば、わかりやすいでしょう。自民党政権の低位安定か、立憲民主党や日本維新の会への政権交代による大混乱か。どちらがいいですか、という選択です。

■習近平が勝負をかけるタイミング

池上　中国から離れて独立しようと主張する革新政党「時代力量」の候補者が全敗したことも、象徴的です。この政党は二〇一五年に設立されたのですが、翌年の立法院委員選挙で早くも五議席を獲得して大いに注目されました。前回の二〇年の選挙でも三議席を確保していたのに、今回の選挙でゼロになりました。台湾の民意は、中国との関係でも現状維持を望んでいるのでしょう。

佐藤　総統選の結果について、中国はとりあえず怒って見せています。しかし直接怒るのではなく、祝意を表した日本やアメリカに対して「内政干渉だ」と抗議するという形ですね。民進党の政権維持を日米が悪用するのではないか、という懸念に対する牽制です。現状より反中国の方向に踏み込む流れを日米台で作ることはまかりならない、というシグナルとも取れます。

池上　中国が望んでいた国民党への政権交代が実現せず、習近平のメンツが潰されたと書いている記事もありますが、中国にとっては織り込み済みの結果でしょう。当然、情勢分析をしていますから、民進党の勝利はわかっていたはずです。

佐藤　実は中国にとっても、いまは民進党のほうがいいだろうと思うんです。ステータスクオを望んでいるのは中国も同じで、大きな変化を仕掛けるタイミングとは見ていません。トランプ再登板によって大混乱が始まり、アメリカが内向きになって台湾海峡などに出てこられない局面を迎えてから、勝負をかければいいんですから。

池上　いまが勝負時ではないことを、習近平がわからないはずありませんね。逆にいえば、とにかく現状維持を、という流れになるほど、東アジアは微妙なバランスのもとにある、といえるかもしれません。

■中国の戦略は「戦わずして勝つ」

佐藤　南シナ海の覇権に関して、中国が航空母艦を次々に建造していることを懸念する声がありますが、私はむしろ歓迎しているんです。というのは、あと三〇年もたてば戦闘機は第七世代に進化して、無人機になります。航空母艦は前時代的な遺物と化して、大洋に浮かぶ標的と化すでしょう。

池上　日本軍が大艦巨砲主義にこだわって、航空戦に遅れを取ったようなものですか。

佐藤　中国が航空母艦を一切造らず、そのリソースを宇宙開発や潜水艦に回すほうが怖い。航空母艦をせっせと造ってくれることは、太平洋や南シナ海の安全保障にとって長期的には望ましいと思います。

　いまの台湾有事については、中国が軍事力を増強させ、台湾をミサイル攻撃したり、空母を繰り出して、占領を目指すといったイメージです。しかし、本当にこのような展開になるかどうかも検討が必要です。かりに中国が軍事力を用いて台湾へ攻め込んだ場合、半導体工場を破壊してしまったら、中国経済自身にも大きなダメージとなります。そう考えると軍事衝突を恐れるのは、もう周回遅れの考えなのかもしれません。

池上　中国による台湾への武力侵攻の可能性はゼロとは言えませんが、かなり低いのではないかと思います。孫子の兵法、つまり「戦わずして勝つ」ということを考えているのではないでしょうか。二〇二二年八月にアメリカのペロシ下院議長が台湾を訪問したことに反対して、大規模な軍事演習が行われました。この演習は台湾をこうやって包囲するんだというシミュレーションでした。台湾の周辺海域を押さえてしまえば、他国から切り離すことができるんだぞということを見せつけたわけです。そして今は、台湾の世論の変化を待っているのではないでしょうか。中国からしてみれば、お互いに対立するからこんなことになっているんだ、いいことがないよね、というわけです。

佐藤　もしトランプ政権になってアメリカの混乱が極まると、当然、東アジアでのプレゼンスも弱まる。そのとき、中国は、後ろ盾をなくした台湾を外交的、経済的に揺さぶった方が、はるかに低リスクで、実質的な支配力を強めることができるでしょう。習近平は、アメリカをＧＤＰで抜いて経済的により魅力のある中国になれば、台湾は半導体付きで中国に引き寄せられてくると見ているでしょう。

池上　中国は、結果として戦わずして台湾を手中に収めるという戦略を持っているのではないかと私も見ています。

■領土問題では認識が一致

池上　中国も、台湾の国民党も「ひとつの中国」という認識は一致しています。尖閣諸島問題は、国連のアジア極東経済委員会が東シナ海を調査して、海底に石油や天然ガスが埋蔵されている可能性があると発表した途端、台湾が自分たちのものであると言い出しました。そして中国は、尖閣は台湾のものであるとしています。その台湾は中国のものだから、尖閣は中国のものだという三段論法ですね。

佐藤　日本人があまり注目していない点は、領土や領海をめぐる問題では、中国と台湾との立場はそう遠くない、ということです。

池上　中国は、南シナ海すべてを自分の領海だと主張していますが、その根拠は「九段線」です。一九四七年に当時の中華民国が、地図の上に一一本の短い破線を引いて南シナ海を囲み「この海は中華民国の領海だ」と宣言したが、世界は異を唱えなかった。そして、一九四九年、大陸に中華人民共和国が成立すると中華民国の領海はすべて現在の中国のものになった、というのが、中国の主張です。その後、ベトナムに配慮して二本の線を消して九本にしていました。

ところが、中国の自然資源省が二〇二三年八月に発表した「標準地図」では、「九段線」からさらに広げた「十段線」が引かれていました。書き加えられた一本は、台湾の東側、つまり台湾も中国の領有下に置く、としているわけです。中国が書き加えたのは、これまでの地図の破線では台湾が中国領だということが明確ではなかったからということらしいですが、台湾やフィリピン、ベトナム、マレーシアはもちろん、日本政府も抗議しました。日本の領土である尖閣諸島にも、「釣魚島」や「赤尾《せきび》嶼《しょ》」といった中国名が記載されています。

■本当に怖いのは〝国共合作〟

佐藤　領土問題をめぐって、本当に怖いのは、〝国共合作〟の再現です。

池上　かつて日中戦争のとき、中国国民党と中国共産党は協力関係を結びました。そして日本軍に勝利したという歴史的成功体験がある。台湾と中国がともに、日本の領土権に対抗してくる可能性があるということですね。

佐藤　沖縄に関して、中華民国には、琉球を〝失地〟、すなわち奪われた土地だとして、日本領と認めなかった歴史があります。一九二八年の排日教育方針では、台湾、朝鮮などとともに琉球の返還を主張しています。戦後も、国内では官民ともに琉球領有論が盛んになされていました。

池上　日本と台湾の国民政府が一九五二年に結んだ日華平和条約では、沖縄の領有権を主張していませんね。もっともこの時点ではまだ沖縄はアメリカの統治下にありましたが。この条約は、一九七二年に日本が中華人民共和国と「日中共同声明」を発表したことで失効しています。

佐藤　しかし、歴史認識としては、「沖縄は本来、中国に属している地域で、日本が不当に奪った」という見方は潜在しています。それが尖閣諸島問題のように、いつ噴出するかはわからない。中華人民共和国はかなり早い時期に、沖縄を日本だと認めていました。しかし、昨年六月、習近平は「福州（福建省の省都）には琉球館、琉球墓があり、琉球との交流の淵源が非常に深いことを知った」と発言しています。歴史認識が中華民国に寄り始めている。

■台湾の首都は「南京」だった

池上　私は世界各地の地図を集めるのが趣味で、「中華民国全図」と書かれている台湾の古い地図を持っています。実際に「中華民国」を名乗っているのは台湾だけなのに、その地図には中国大陸もモンゴルも入っているのです。これは、かつて大陸で建国されたとき、モンゴルもその一部だった経緯があるからです。

この地図では沖縄との間には国境線が引かれていません。また「北京」のあたりは「北平」とされています。中華民国の首都は南京だから、北に都があってはいけないからです。

佐藤　最初の頃の台湾の憲法草案では「首都は南京」とありました。ただし、臨時首都を台北にする、と。

池上　日中戦争で日本軍が南京を攻めたのは、中華民国の首都だったからです。学生たちと話すとよくわかっていないことが多いので、簡単に歴史を振り返っておきましょう。南京の侵攻直前に首都が重慶に移され、戦争が泥沼化していきました。そこで日本は蔣介石と折り合いが悪かった汪兆銘《おうちょうめい》を重慶から脱出させて、汪を首班とする親日の国民政府を南京に樹立したんです。そして、日本は汪兆銘の国民政府と一九四〇年に結んだ日華基本条約を根拠に、中国に駐留して蔣介石率いる重慶政府と戦争した。戦後、二度目の国共内戦が起き、勝った共産党が中華人民共和国を建国し、敗れた国民党が台湾へ渡ったわけです。

佐藤　汪兆銘政権は日本の傀儡《かいらい》政権だったわけですが、現在の日本政府は、当時においては正当な政権だったと答弁しています。鈴木宗男さんが当時の中華民国に対する日本政府の認識を二〇〇六年から二〇〇七年にかけて質問主意書で何度も訊ねましたが、中華民国が汪兆銘政権から蔣介石政権にいつ転換したと認識しているかという点については、答えませんでした。

■沖縄が戦場になったら

池上　台湾有事の際には、沖縄にある米軍基地にもミサイルが飛んで来るでしょう。日本の領土が攻撃を受けたことになりますから、日本も自動的に参戦する事態に追い込まれます。

佐藤　そこで重要なのは、当事者である沖縄人がどう考えるか、という問題ですね。

私は母が沖縄出身ですから、沖縄人の感覚がよくわかります。日本にいる沖縄系の人間や、全世界に移民している「うちなーんちゅ（沖縄人・琉球人）」、特にアメリカ本土やハワイ、ブラジルやペルーにいる沖縄系の人たちは、日本人という自己意識をもっていなくて日本語も忘れています。しかし沖縄の方言はしゃべるし、沖縄人だという自己意識はもち続けています。そういう人たちのネットワークの中にある世界観は、一般の日本人と違います。沖縄人は戦争が絶対に嫌で、戦争がリアルになった場合には、分離独立の可能性すらあります。

池上　沖縄県は、明治時代初期の琉球処分以前は琉球王国という独立国でした。日本に属している歴史のほうが短いことを、本土の人たちは忘れていますね。

佐藤　はい。明治時代の初めにおいては、沖縄が日本に帰属していたのは明確ではないというのが、日本政府の公式見解です。鈴木宗男さんが提出した質問主意書に対して、「遅くとも明治初期の琉球藩の設置及びこれに続く沖縄県の設置の時には日本国の一部であったことは確かである」と答えています。

　もし沖縄が戦場になったら、食料事情はどうなるでしょうか。二〇二一年に県内で生産された米は、二一六〇トンでした。日本全体の米の生産量は七五六万三〇〇〇トンですから、その少なさがわかります。沖縄の人口は一四六万人なので、生産された米の全部を備蓄するという単純計算でも、一週間しかもちません。沖縄の食糧自給率はカロリーベースで三二％ですが、サトウキビが入っています。しかしサトウキビをかじっても、お腹は膨れません。

池上　制空権と制海権を失って本土からの物流が途絶えてしまったら、深刻な飢餓が生じかねませんね。

佐藤　ところが日本政府は、そんな想定をしていません。こんな簡単なシミュレートをしてみても、戦争は百害あって一利なしだということは明白です。避難訓練は行なわれていますが、そもそも船や飛行機をどうやって確保するのかという法整備がありません。

■日本のなかのグローバルサウス、沖縄

佐藤　沖縄と本土の最大の違いは、人権観です。本土では、人権はアメリカから与えられたものです。それに対して沖縄では、六歳の女の子が米兵にレイプされてゴミ捨て場に捨てられるといった事件もあり、日本国憲法の庇護の下に入って人権を保障されたいと希求しました。復帰運動の本質とは、人権の確保だったんです。

池上　憲法や人権に対して、終戦後に何となく「与えられた」という本土の日本人の意識とは、まったく別ものですね。

佐藤　そんな沖縄が、台湾有事が勃発した際には再び戦場になる事態を甘受すべきなのか。勝ち取った人権が保障されない戦争に巻き込まれるのなら、自己決定権を発揮して、日本から出ていこうという気運が、いま以上に高まりかねません。私はそれを一番心配しています。

池上　日本も内側に、沖縄というグローバルサウスを抱えているわけですね。

佐藤　沖縄県の玉城デニー知事は本土で誤解されていますが、彼は沖縄と日本の統合論者

です。中国と緊張関係になるのを避けたり、普天間飛行場の辺野古移設に反対したりしているのは、ある臨界点を超えたら、国家統合が崩れてしまう、だが独立しても沖縄が生きていくのは大変だという危機意識があるからです。前知事の翁長雄志さんもそうでした。ところが、本土からすれば分離論者に見えてしまう。

　これまでグローバルノース的な国家の枠組みの下に抑えつけられてきた地域が、その地域の自立した利害と判断で動くようになる。いま沖縄で起きている問題は、まさにグローバルサウスの地殻変動そのものといえます。日本人がこれを危機的だと思っていないことが、とても怖いです。

■日中「戦略的互恵関係」の意味とは

佐藤　実は「隠れたグローバルサウス国」である日本も、中国に対する微妙なバランス調整を行なっていますね。それをうかがわせるのが、二〇二三年一一月に、サンフランシスコで行われた日中首脳会談です。

池上　アジア太平洋経済協力会議（ＡＰＥＣ）首脳会議の合間でしたが、岸田首相と習近平主席は、両国関係の「戦略的互恵関係」を再確認しましたね。

佐藤　その二カ月後に行われる台湾総統選の結果と、それに対して日本がどういう態度を取るかが習近平に予想できていなければ、こうした歩み寄りはしないはずです。

戦略的互恵関係というのは元々、二〇〇六年に中国を訪問した安倍晋三総理と胡錦濤主席の首脳会談で合意されたものでした。現在のようなタイミングでの再確認には、大きな外交的意味があります。というのは、ウクライナ戦争が起こって国際情勢が緊張し、日中間には福島第一原発の処理水を巡る問題、台湾海峡有事、歴史認識、尖閣問題などに関して、対立が深まっているからです。意見が違う点では、喧嘩もせざるを得ない。ただしそれ以外は安全保障も含むすべての部門で、お互いの利益のために共存共栄を図ろうというんです。

池上　互いにとって利益のある関係を築いていきましょうという意味ですから、かなり踏み込んだ関係ですね。

佐藤　戦略的互恵とは、第三国との関係でも両国の利益を調整するということです。対立する部分より共通する利益が大きくなれば、世界から見た日本は親中としか思われません。

すなわち大部分の官僚は、中国と喧嘩するつもりがないんです。取り残されて「中国の脅威に備えよ」と興奮しているのは、防衛省のほとんどと外務省の一部だけ。そのギャップが滑稽です。

■日本を抜く台湾

池上　ところで、台湾の立法院の委員は、女性が四一％を占めています。蔡英文総統も、今度の蕭美琴《しょうびきん》副総統も女性ですしね。日本よりはるかに進んでいます。

佐藤　それくらい高い比率になることで生じる利点は、立候補する女性たちの立場や思想が多様化してくることです。日本では女性候補がまだまだ少ないので、言い方は悪いですが、保守系であれば国防婦人会みたいな思想の人たち、革新ならかなり左に寄っている人たちから選ぶしかありません。

　民主主義の成熟度においても科学技術においても日本は台湾に抜かれてしまいましたね。

池上　日本は一人当たりの名目ＧＤＰでも台湾に抜かれると見られています。二〇三一年に韓国を、二〇三三年には台湾を下回るという試算を日本経済研究センターが二〇二三年一二月に発表しました。

佐藤　台湾でも、国力を付けてきてから、日本の植民地時代に関して物言う人たちが出始めています。これまでのように日本人が「台湾の人たちはみんな、日本の植民地時代をいまでも懐かしく思っている」といったステレオタイプの捉え方のままだと、台湾とリアリティのある付き合いはできなくなります。あるいは、「民進党は独立論者だから危険だ」とか「民進党政権との関係を強化することが、中国に対する牽制になるし、日米同盟の強化になる」と決めつけるのも同様です。これもグローバルサウス現象の一バリエーションです。台湾はもはや「日本にとって都合の良い、反中の仲間」ではなく、ある意味、日本より豊かで、自前の利害計算と独自の判断で国際的なポジションを決める地域とみた方がいい。

■中国経済の先行きをどう見るか

池上　中国については、景気の悪化が深刻です。財政赤字、高齢化と少子化による人口減少、地方政府の債務拡大、不動産不況といった構造的な問題が顕在化して、国内消費も株価も低迷しています。

佐藤　最大の問題は、GDPの三割を占めると言われた不動産のバブルが、急速に弾けたことです。国内各地に建設が中断された高層ビル群が放置されて、ゴーストタウンと化しています。大手の中国恒大集団や碧桂園が経営不振に陥って、共に数十兆円規模の負債を抱えています。

池上　これらの巨大デベロッパーが経営破綻に至れば多くの金融機関が膨大な不良債権を抱えることになり、中国経済のみならず、世界に金融危機を引き起こしかねません。

　海外への投資も、中断されているようです。カンボジアにいる私の友人の話では、国内北部の開発に中国資本がたくさん入っていたのに、みんな逃げ出して、いなくなってしまったそうです。

佐藤　我々としては、経済の混乱で国力が低下することを短期的に喜ぶより、どういう影響が及んでくるのかを中長期的に考えるべきですね。

池上　景気悪化を示す指標は、たくさんあります。たとえば一六歳から二四歳の若年層の失業率です。二〇二三年六月は二一・三％と、三カ月連続で過去最悪を記録しました。ところが中国国家統計局は、公表を一時停止すると発表しました。理由は、「社会経済は常に発展・変化しており、労働力調査統計もさらなる改善が必要だ」というのですが、よほど都合の悪い数字が出てきたのかもしれません。

　しかし、中国の場合、そもそも、政府発表の統計であっても真に受けていいのかどうかが疑問ですから、判断が難しい。

佐藤　トランプ氏が、「大統領に返り咲いたら、中国からの輸入に対して六〇%の関税をかける」と公言していることも、先の見通しを暗くしていますね。もっともトランプ氏がこの公約を守るとは思えませんが……。

■「反スパイ法」の功罪

池上　その上、最近の中国で、世界に脅威を与えているのは、スパイ罪ですね。二〇一四年に反スパイ法が施行されてから、スパイ行為に関わったとして日本人が拘束されるケースが相次いでいます。昨年は大手製薬会社アステラス製薬の五〇代の男性社員が、刑法と反スパイ法に違反した疑いで逮捕されました。中国の国家安全省は二〇二四年一月、イギリス秘密情報部MI6のスパイを摘発したと発表しています。国家機密など一七件を入手したという容疑です。また、中国の裁判所は二〇二四年二月、オーストラリア人作家の楊恒均氏に執行猶予付きの死刑判決を言い渡しました。

二〇二三年七月には改正反スパイ法が施行され、スパイ行為の定義が拡大されました。しかし、逮捕されても具体的な容疑は明かされず、裁判は非公開。有罪判決が確定したあとでさえ、罪に問われた行為の詳細は不明なのが普通です。何をやったら罪に問われるかがわからない、というのは恐ろしい。

佐藤　いや、それは独裁国家を維持するうえでは、極めて正しいやり方ですよ。「これをやったら罪に問われる」とはっきりさせてしまえば、誰も権力を怖がらないじゃないですか。同じことをやっても称賛されることがあれば、逆に厳罰に処されることもあるなら、人々は権力者の意向を窺うようになります。

池上　強権を維持するには、法治よりも恣意的な人治のほうがふさわしいわけですな。

佐藤　何が罰則の対象なのかわからないようにしておくことは、権力を維持する上においてとても重要です。

池上　たしかにそうですね。

しかし、中国の反スパイ法は共産党政権の独裁維持には有効でしょうが、海外から投資を招くという点では大きなマイナスです。習近平は、新型コロナウイルスで打撃を受けた経済をテコ入れするため、外国資本を積極的に誘致する方針を打ち出したはずです。ところが外国企業の間では、スパイ罪に対する懸念が広がって、中国には触らないほうがいいというムードが高まっています。日本でも、中国への投資を減らしたり撤退を検討したりする企業が相次いでいます。

■中国の資本主義はまだまだ初期段階

佐藤　とはいえ、現在の経済力が半分に落ちたとしても、中国が強国であることは変わりません。それにバブルが弾ければ、実体経済に近いところで産業の再編が行なわれるでしょう。不動産業界で働いていた優秀な人材が、軍産複合体やＩＴ分野へ転じることも起こりうる。バブルの崩壊がむしろ中国の強靭化につながる可能性があることを、私は心配します。

池上　不動産バブルで踊っていてくれたほうが、日本にとっては都合がよかったわけですね。

佐藤　そう思います。中国において資本主義はまだ初期段階に過ぎませんから、まだまだ発展の潜在可能性があるように思えます。人口が減り始めて消費が低迷していると言っても、内陸部などは発展から取り残されたままで開発の余地も大きい。

　なにより日本などと違って、大衆の欲望が満たされたわけではないから、投資熱、消費欲、競争心、労働意欲がまだまだ高い。

　中国で爆発的な人気を呼んだドラマ『北京女子図鑑』を見ると、中国社会の活力がわかります。主人公の成都出身の女性が、北京の居住権を得るために自動車教習所で知り合った男性と結婚したり、何でもありというかたちで成り上がっていく。ヘーゲルが言っている「欲望の体系」そのもので、やっぱり政治が安定しているから、市民は経済だけに特化して、自分のキャリアや欲望を追求できるんです。

池上　なるほど。

佐藤　日本の港区女子や、『北京女子図鑑』のもとになった『東京女子図鑑』の登場人物は俗物的で、そのエネルギーはどっちのほうが優れているかを自慢し合う「マウント合戦」に向けられます。一方、中国は、他人に見せびらかすための消費ではないんですね。金と上昇志向に特化していて、整形も結婚も全部そのためのプロセス。不動産をどう手に入れるか、どこまで出世するかは、自分との戦いだという。本当に恐ろしいですよね。

環境マルキシズムの学者たちは「資本主義は潜在可能性を失っているから、そろそろ転換しないといけない」と唱えますが、中国には当てはまらないと考えます。まだまだ苛烈でエネルギーに満ちた初期資本主義の世界が続くでしょう。

■朝鮮戦争が再開されたら

池上　現実になると厄介なのは、台湾有事より朝鮮半島有事でしょう。

佐藤　一九五三年七月に朝鮮戦争の休戦協定が結ばれると、東京にあった朝鮮国連軍司令部がソウルへ移されました。キャンプ座間に置かれた朝鮮国連軍後方司令部は、二〇〇七年から横田飛行場へ移っています。さらに、朝鮮国連軍は国連軍地位協定に基づき、〈我が国内7か所の在日米軍施設・区域（キャンプ座間、横須賀海軍施設、佐世保海軍施設、横田飛行場、嘉手納飛行場、普天間飛行場、ホワイトビーチ地区）を使用することができる〉と定められています。これは事前協議の条文がありません。

池上　日本の外務省のホームページに明記されていますね。

佐藤　ということは北朝鮮も、自国はこの七つの基地から攻撃されると、すでに知っているわけです。朝鮮戦争が再開されれば、日本はただちにこの七基地を国連軍に提供しなければなりません。すると、北朝鮮がこの七つの基地を攻撃するのは国際法上、合法です。

　一九九三年に、核拡散防止条約（ＮＰＴ）脱退を宣言して核開発を進める北朝鮮に対して、クリントン政権が「サージカル・アタック（外科手術的攻撃）」を検討しましたね。

池上　寧辺の核施設への空爆で、核開発を阻止しようとしたんです。

佐藤　実行されていたら、この七つの基地へミサイルが飛んで来た可能性があります。北朝鮮のミサイル技術は当時よりずっと進んでいますから、現在なら確実に報復されるでしょう。すべてのミサイルを撃ち落とせるのかと考えると、恐ろしい事態です。

■韓国は行き過ぎた資本主義で人口減に

池上　韓国では、少子化による人口減少が大問題です。合計特殊出生率は、二〇二三年に〇・七二まで下がりました。日本は二〇二二年のデータが最新ですが、一・二六。ちなみに中国は一・〇九です。日中韓とも過去最低を更新しているものの、一を切っている韓国は非常に深刻です。

佐藤　資本主義が行き過ぎてしまったのが原因でしょう。私が知っている四〇代くらいの韓国人たちは、オーストラリアやカナダへ移住を始めています。競争社会の韓国で勝ち残ってきた自分たちなら、世界のどこへ行っても生き残れるという自信があるようです。少子化が進む東アジア諸国の中でも、日本は優等生ではないかと思えてきます。

池上　韓国統計庁は二〇二三年一二月に、新しい推計を発表しました。それによると、二〇二二年に五一六七万人だった国内人口は、五〇年後には三割少ない三六二二万人まで減るということです。このままいけば、国が消滅しかねません。日本でも東京への一極集中が問題視されていますが、韓国もソウルへの集中が止まりません。国の人口は減り続けているのですから、地方の疲弊はさらに深刻です。

■韓国に学ぶ世界戦略

佐藤　人口減少が止まらないことを予測していたのではないかと思えるのが、Ｋ‐ＰＯＰや韓流ドラマの海外進出です。韓国の俳優、女優たちの履歴を見ると、ほとんど大学の演劇学科を卒業しています。シェイクスピアを学び、大道具や小道具やシナリオ書きも熟知した上でデビューするのは、実力をつけると共に、初めから世界を舞台に活躍することを狙っているためです。しかも大学時代に英語、中国語、日本語のうち二つを身につけています。彼らは、非常に高度なプロ集団です。

池上　五〇〇〇万人の国内人口では、マーケットとして成り立たないんですね。

佐藤　一九九七年のＩＭＦ危機以降、日本のように芸能プロダクションがスターを育てていたやり方から、アメリカやイギリス型に改編したんです。

池上　日本の若者たちも、女性アイドルグループのＮｉｚｉＵを始め、韓国と行ったり来たりしながら芸能活動を始めています。遅まきながら、世界を舞台にする戦略を学び始めたわけですね。

佐藤　BTSに代表される韓国アーティストのように、ビルボードのチャートを席捲することができるでしょうか。

■石橋湛山の「小日本主義」に戻ろう

池上　日本では、日本商工会議所の三村明夫前会頭や、日本郵政社長の増田寛也氏ら有識者らでつくる「人口戦略会議」が、二〇二四年一月、人口問題に関する提言を行ないました。合計特殊出生率を二〇六〇年に二・〇七まで改善させて、二一〇〇年には人口を八〇〇〇万人で安定させようというのです。一億人を死守するというのは無理だと認めて、八〇〇〇万人よりは減らないようにしたい。身の丈に合った規模という考え方でしょう。

佐藤　八〇〇〇万人というのは、芸能活動が日本国内だけで完結できる人口だと思います。韓国の芸能人のように外国語を覚えて海外へ打って出なくても、日本語だけで活動が成り立つギリギリです。

池上　「進め一億火の玉だ」と張り切っていた頃は、一億人もいなかったわけですから。

佐藤　戦争中は、七〇〇〇万人くらいでしたよね。

池上　私が小学生のとき、「このままいくと、日本の人口が一億を超えてしまう。食料が足りなくなる」というので、当時の厚生省に有識者会議ができて、産児制限などの検討が行なわれました。ところがそれを始めた頃から新生児が減り始め、一九六七年に初めて一億人を超えましたが、その後はゆるやかに増加していました。

だから、昔に戻るわけですね。団塊の世代がいなくなれば社会保障費は少なく済むし、若い人たちは失業の心配がなくなります。国民の暮らしは、楽になるんじゃないんですか。

佐藤　石橋湛山《たんざん》の唱えた「小日本主義」に戻ろうというわけですね。

東洋経済新報の記者だった湛山は、一九二一（大正一〇）年の「一切を棄つるの覚悟」と題した社説で、朝鮮や台湾、満州などの植民地と権益を放棄するよう主張しました。同じ年の「大日本主義の幻想」という社説では、軍事による膨張主義を批判して、「大日本主義」は経済的に無価値だと述べました。そして、平和な貿易立国を目指そうと提唱したのが「小日本主義」です。

池上　人口が減れば、東アジアの近隣諸国との付き合い方は、自ずと変わってくるでしょう。「小日本主義」と割り切ってしまえば、かえって居心地がいいかもしれません。

■インドネシアが世界四位の大国に

佐藤　人口的に縮んでいく東アジア（日本、中国、韓国）に対して、三〇年後、五〇年後のスパンで世界を考えるとき、アジアで注目しなければいけないのが、インドネシアです。

池上　人口はインド、中国、アメリカに注ぐ世界四位で、二億七七五三万人。二〇四五年には三億二四〇〇万人に増え、GDPは世界四位に浮上すると予測されています。

佐藤　二一〇〇年には、五億人に達しているかもしれません。経済力においても、中国の背中が見えるところまで急速に伸びる可能性があるでしょう。二〇二三年から、以前は輸出用だった液化天然ガス（LNG）のプラントを、輸入用に使い始めました。国内の産業が発展している証拠です。

今年二月、ジョコ大統領が二期一〇年の任期を満了して、選挙が行なわれましたが「ジョコ路線の継承」をアピールしたプラボウォ国防相が、副大統領候補にジョコ氏の長男を立てた効果もあって、ほかの候補に大差をつけて当選しました。当面は安定した政権が続くと思われます。

■グローバルサウスの原点「バンドン会議」

池上　インドネシアといえば、第二次世界大戦後、世界の注目を集めた国際会議が開かれたことがあります。一九五五年の「バンドン会議」ですね。欧米の植民地支配から独立した国々がインドネシアのバンドンに集まって開いた国際会議で、「アジア・アフリカ会議」とも呼ばれます。反帝国主義や民族自決の精神を謳い、覇権主義の国とは断固として戦わなければいけない、と宣言しました。

佐藤　インドのネルー首相、中国の周恩来《しゅうおんらい》首相、エジプトのナーセル首相（のちに大統領）など二九カ国の代表が参加して、西側にも東側諸国にも属さない第三世界の確立を掲げましたね。

池上　継続的に開催される予定だったのですが、各国の足並みが乱れたり、開催予定地のアルジェリアなどでクーデターがあったりしたため、一九六五年に予定されていた第二回以降は開催されませんでした。これが二一世紀になって復活しているんです。

　二〇〇五年に「バンドン会議五〇周年を記念する首脳会議」が開かれ、小泉首相を含むアジア・アフリカ一〇六カ国の指導者が参加しました。二〇一五年にも「バンドン会議六〇周年を記念する首脳会議」が開催され、一〇九カ国が参加しました。その際に、安倍首相と習近平主席が首脳会談を行なっています。また、インドネシアは東南アジアで唯一の参加国で、二〇二二年にはG20の議長国を務めました。

グローバルサウスの一角として力をつけてきたインドネシアが、第一回バンドン会議の意義を見直した。その意味は、かつて第三世界、特に南の国々が一緒になって成長しようと図った結束が、現代化しつつあるということです。

■中国の〝レーザープリンター商法〟

佐藤　地政学的に見れば、インドネシアは海洋国家です。その海域にはインド洋と太平洋を結ぶ多くの重要な海峡、港が含まれます。日本にとっても死活的に重要な航路ですね。

さらにいえば、インドネシアが強力な海洋国家として台頭する可能性も考えておかなければなりません。インドネシアの海軍が、現在の沿岸警備隊に毛が生えたような規模から、インド太平洋地域全体に展開する本格的な海軍になった場合、アジアの地政学的地図はまったく変わってきます。

ところがアメリカは、民主主義の価値観を振り回して、東南アジアに最新兵器を売っていません。その隙間を埋めているのが中国なのです。しかも、最新兵器を安い値段で売っています。これは、いわばレーザープリンター商法です。機械本体は安い値段で入手しやすくしておいて、値段の高い交換用トナーとメンテナンスで持続的に儲けようという、サブスクビジネスなわけです。兵器が中国仕様になれば、敵対するどころか、中国に補給とメンテナンスを頼むしかなくなります。つまり、中国と東南アジアが束になって日本に向かってくる最悪の事態です。

そうならないためにも、私は日本政府が早いうちに防衛装備移転三原則を緩めて、格安でインドネシアに日本の兵器を売るべきだと考えています。日本も、メンテナンスで儲ける仕組みを作るべきなのです。合わせて、インドネシアには高速鉄道を売ることです。

池上　首都ジャカルタとバンドンを結ぶ高速鉄道は、入札で中国に負けてしまって、残念でしたからね。ただし工期が遅れるなど、中国に任せるとろくなことにならないとわかったはずです。

インドネシアはジャワ島にある首都ジャカルタへの一極集中を避けるため、新しい首都をカリマンタン島の東部に建設すると発表しました。新首都の名前は「ヌサンタラ」だそうです。二五万ヘクタールもある森林などを切り開いて、二〇四五年に移転する計画です。そちらで新しい高速鉄道を作るなら、日本の新幹線は受注できるはずです。

■インドネシアを日本の味方にするには

佐藤　インドネシアは潜在的な味方になり得るし、海洋国家として脅威にもなり得る。どちらになるかは、日本の決断次第です。

日本の外務省の課題は、インドネシア語のキャリア職員をつくることですね。研修期間を三年間にして、一年はアメリカかイギリスで、その後の二年間はインドネシアで研修させる。インドネシアは若い国ですから、いまの大学生でも二〇年ぐらい経てば国家のトップになる。早いうちに戦略的にインドネシアに人脈をつくっておくのがよいでしょう。

池上　インドネシア語は、オランダから独立したときにつくられた人工的な言語なので、アルファベット表記で相当簡単なんです。現在形、過去形、未来形といった時制がないので、「明日行く」「昨日行く」。また、歩くことが「ジャラン」で、散歩が「ジャランジャラン」。

佐藤　インドネシア建国の時には日本の陸軍も、特に中野学校の人たちが手伝っているでしょう。もう一度、戦前の歴史を振り返ってみないといけないと思っています。陸軍中野学校で何語を必修にしていたかというと、中国語、英語、ロシア語、そしてマレー語でした。インドネシア語もマレー語の一種です。

■世界の三分の一がイスラム教徒に

池上　もうひとつ、インドネシアが重要なのはイスラム国家であることです。しかも、世界で最もイスラム教徒が多い国なんですよ。総人口の約八七％、約二億七〇〇〇万人にのぼります。イスラム教徒は、爆発的に増え続けていますね。正確な統計はないのですが、少し前まで全世界で一六億人だったのが、いまでは一九億人に達したのではないかと言われます。いずれ、二三億人とされるキリスト教徒を抜いて、世界の人口の三分の一がイスラム教徒になるでしょう。グローバルサウスの時代はイスラムの時代でもあるわけです。

　その意味でも、インドネシアの存在感はますます増していくでしょう。日本はインドネシアとは、友好関係を築いていくべきです。ただしＩＳも含め、イスラムがテロも内包しながら拡大していけば、両国にとって問題になる可能性がありますね。

佐藤　インドネシアが強くなると、マレーシアや、ミンダナオ島などフィリピンの半分が、インドネシアの影響下に入ります。ミンダナオ島は、北部が入植してきたカトリック教徒の住む地域で、南西部は古くから暮らすイスラム教徒の土地です。分離・独立を求めるモロ・イスラム解放戦線（ＭＩＬＦ）とフィリピン政府との武力闘争が、五〇年も続きました。

池上　ミンダナオ島ではようやく、二〇二五年にイスラム自治政府ができることになっていますね。和平合意には日本のＪＩＣＡ（国際協力機構）が間に立ち、大いに尽力しました。意外に知られていませんが、日本の外務省はそれなりに頑張っていますよ。そこには、日本の外交的拠点もできているわけです。

■トルコも重要なプレーヤーになる

佐藤　イスラム圏でもうひとつキープレーヤーになりそうな国は、トルコですね。エルドアン大統領は強権的な政治を行なう一方で、ウクライナ戦争や、ハマスとイスラエルの戦闘に関してブローカー的な立場で間に立とうとしています。

池上　イスラム教は、基本的にアラブ人の宗教です。コーランもアラビア語で書いていなければ駄目だとされている中で、エルドアン大統領は、非アラブのイスラムの代表になりたいんでしょう。トルコは近代化を進める中で「政教分離」を国是としてきたのですが、エルドアンはイスラム化政策を推し進めています。

佐藤　トルコ系の民族は、中央アジアから中国の新疆ウイグルまで、広く分布しています。トルコベルトと呼ぶべきその一帯は、イスラムでありながら非アラブをアイデンティティとしています。

池上　インドネシアと同じですね。この両国は、非アラブのイスラム勢力が広がっていくキープレーヤーになり得ると思います。アメリカの政治学者が何年か前に冗談半分で、「あのあたりは、全部オスマン帝国に任せればいいんじゃないの？」と言っていましたが。

佐藤　イスラム圏の第三世界の再編が、実際に起きつつあるわけです。

■日米だけ国力が退潮

池上　東アジアでは、大半の国が現状維持を望んでいるのが現実です。この均衡を大きく変えてしまうかもしれないのが、今年一一月のアメリカ大統領選挙です。

佐藤　バイデン政権の価値観外交によってアメリカは弱くなり、縄張りを狭めています。東アジアにおける主要プレーヤーは中国、日本、アメリカ、台湾ですが、二〇年前と比べて日本とアメリカだけ国力が退潮している。拡大メンバーとして韓国、北朝鮮、ロシアを入れても、日米を除くすべての国は国力を上げています。

こうなると日米に不利な位置で勢力均衡線が引き直されるのは、当たり前です。そうした軋轢《あつれき》がどこに現れているか。近ごろは竹島問題が話題にのぼらなくなり、北方領土問題では安倍政権が「二島返還」に譲歩しました。どちらも外交上のリアリズムで、日本が弱くなっているからです。

均衡がかろうじて保たれているのは、アメリカが「俺の力はまだあるんだ」「台湾海峡で暴れてやるぞ」と虚勢を張っているからです。トランプ氏が再登板すれば、それが一気になくなります。

池上　アメリカの上院でも下院でも、民主党の議員が必死になって「台湾は守るからね」と言っているのは、トランプ氏に代わったら「なんで、あんなちっぽけな島のために血を流して、金も出さなきゃいけないんだ」と、本当に言い出しかねないからです。

佐藤　あるいは「台湾は半導体で儲かってるそうだな。もっと金を出せ」と言い出すか。日本と韓国にも「守って欲しいなら金だ」と要求してくるかもしれません。

池上　ディールが大好きなトランプ氏なら、じゅうぶんあり得ます。トランプ氏はすでにヨーロッパに対しては、大統領在任中の二〇二〇年一月、攻撃を受けてもアメリカは「決して助けに行かないし支援もしない」とフォンデアライエン欧州委員長に発言しています。

■在韓米軍が撤退したら

佐藤　トランプ氏の考えも、ある意味のリアリズムなんです。しかし、アメリカがアジアから急にいなくなったら大変です。「台湾海峡にも朝鮮半島にも、関心がない」と言い出されたら、中国と北朝鮮は立場を失います。アメリカと日本には、敵対的な姿勢で合同演習などやって弱っていない姿を見せてもらわなければ、中国と北朝鮮は困るんです。空白が見えてしまったら、出て行かない口実がなくなってしまうからです。

池上　トランプ氏は一期目の在任中「在韓米軍を撤退させる」と言い出して、ポンペオ国務長官が必死になって止めて「二期目の優先課題にした方がいい」と勧めたところ、ニヤリと笑って「二期目にな」と言ったわけですからね。

佐藤　そのあとは、ヨーロッパ諸国がどう出るかです。ウクライナを支援してきたように、台湾にも戦車やミサイルを送る余力があるのかどうか。

　中国の立場としては、台湾は中華人民共和国の一部である台湾省です。一方、中華民国の国民党の立場は、大陸は中華民国の一部です。「中国がひとつである」という認識では双方とも一致している以上、これは国内問題です。介入する理由があるとしたら、台湾に住む人たちの民意でしょう。

しかし民意を理由にするなら、香港の民主化運動が弾圧されたとき、イギリスやEUはなぜ傍観していたのか。ヨーロッパと利権が直結する香港ですら見捨てたのに、なぜ台湾を助けなければいけないのか。ヨーロッパの論理は、おそらくそうなります。すると「日本が頑張ってくれ」という話になるでしょう。

池上　戦闘のために自衛隊を送るなら、憲法を改正する必要があります。さすがに、解釈の変更というわけにいきませんからね。

■ウクライナ戦争の戦訓

佐藤　でも、ウクライナを見ていて思うんですよ。スラブ族の問題は、スラブ族で解決してほしいと。自由と民主主義という素晴らしい理念の下に兵器は供給しても、実際の戦いはスラブ族の中だけでやってほしい。これがウクライナ戦争の戦訓です。
そうすると東アジアでは、東アジア人同士で問題を解決してくれという話になります。しかし公明党が連立政権にいる限り、自衛隊を海外派兵するための憲法改正はありえません。連立を解消しなければ、中国や北朝鮮を相手に戦争などできないわけです。

一方、習近平は、魅力のある中国になれば、台湾は引き寄せられると見ているでしょう。

池上　トランプ氏が復権したら、アジアにどんな影響が及ぶのか。不透明な部分も多いですね。

第三章　ロシアと結びつくアフリカ

■世界人口の四人に一人がアフリカ人に

佐藤　グローバルサウスの観点から世界を語るとき、象徴的なのがアフリカです。

池上　私は取材で何度も訪れていますが、二一世紀のアフリカは、急速に経済成長を遂げていて、一九五〇年代から六〇年代にかけての日本を何度も思い浮かべました。人口も増え続けており、二〇五〇年には世界人口の四人に一人はアフリカの人が占めると見られています。

国際社会でも存在感を増していますね。たとえば、二〇二三年二月、国連総会でロシア軍のウクライナからの即時撤退などを求める決議案の採決が行われました。賛成したのは一九三カ国中、〝西側〟を中心とした一四一カ国。反対したのは、当事者のロシアのほか、ベラルーシ、北朝鮮、シリア、エリトリア、マリ、ニカラグアの七カ国です。棄権したのは中国など三二カ国で、そのうち、南アフリカ、モザンビーク、スーダン、ウガンダ、アルジェリアなど一六カ国がアフリカの国でした。かつてヨーロッパの植民地だったアフリカの国のなかには、旧宗主国への反発も強い。ロシアよりも、それを問題視するヨーロッパの言いなりになりたくないという感情も持っています。

■なぜ南アフリカはイスラエルを訴えたのか

佐藤　アフリカには、グローバルノースに対して積年の恨みがある国々が少なくありません。たとえば、南アフリカがイスラエルをジェノサイド（集団虐殺）で訴えましたね。イスラエル軍がガザ地区で行っている軍事作戦の停止などを求めて、国際司法裁判所（ＩＣＪ）に提訴しました。

池上　ＩＣＪは、二〇二四年一月二六日、イスラエルに対して、軍事作戦そのものの停止は命じなかったものの、ジェノサイド行為を防ぐための措置をとるように命じましたね。

佐藤　南アフリカが訴えたと聞いて「アパルトヘイトという差別政策で国際社会から批判されていた南アフリカが？」「パレスチナとイスラエルの戦闘に、どう関係しているの？」と不思議に思った人が多いかもしれません。

池上　南アの与党「アフリカ民族会議」は、一九九四年まで続いたアパルトヘイトへの抵抗運動から生まれた政党です。その活動のシンボルが黒人初の大統領となったネルソン・マンデラでした。この「アフリカ民族会議」は、パレスチナの状況を自国に重ね合わせて、長い間にわたって連携を取って来た歴史があるんです。パレスチナ自治区のヨルダン川西岸地区にある中心都市ラマラへ行くと、マンデラの銅像が立っていますよ。

南アは政府としてハマスを支持しているのではありませんが、ラマポーザ大統領はＩＣＪの判断を受けた演説で、「南アの出る幕ではないという人もいたが、差別を受け、国家が引き起こした暴力の苦しみを知っている私たちがやるべきことだ」と語りました。

佐藤　これもアメリカを後ろ盾にしているイスラエルに対して、グローバルサウスからの異議申し立てと見ることができます。

■大きさと多様性が潜在能力

池上　日本人はつい「アフリカ」のひとことでくくろうとしてしまいますが、アフリカ大陸は実に大きく、多様です。大陸の面積は日本の八〇倍で、アメリカとヨーロッパ全土と中国を足したより広い。南北の長さは八〇〇〇キロ。一番北に当たる地中海に面したチュニジアの首都チュニスは緯度でいうと茨城県にあたり、南端の南アの喜望峰にはペンギンが住んでいます。また、国の数も五五カ国と多い。ちなみにアジアは四八カ国、ヨーロッパは五〇カ国です。

　その大きさと多様さがアフリカの潜在能力でもありますが、一方でそれが近代化の遅れた原因でもありました。国民国家が成立しにくく、多様な民族、文化が災いして宗教間や民族間の対立が起きやすい。

■旧フランス領で相次ぐクーデター

佐藤　日本ではほとんどブラックボックス化して内情が伝わってきませんが、西アフリカの国々は資源国でもあり、戦略的に非常に重要です。

池上　ニジェール、マリ、チャド、ブルキナファソ、モーリタニアなど「サヘル」と呼ばれる地域ですね。かつてフランスの植民地でしたから、いまもフランス語圏に属しています。

佐藤　一方、この地域は近年、クーデターが多発していて、不安定な状況が続いています。特に国際社会にショックを与え、最近注目を浴びているのは、ウラン産出国でもあるニジェール共和国で起きたクーデターですね。

池上　ニジェールは、サハラ砂漠の南側に位置する内陸国です。首都はニアメ。日本の三倍ほどの国土で、人口はおよそ二六二〇万人です。フランスから独立したのは一九六〇年でした。

佐藤　このニジェールで二〇二三年七月、軍部によるクーデターが発生しました。大統領警護隊の兵士らが親欧米派のモハメド・バズム大統領を拘束して、アブドゥラフマン・チアニ将軍が新たな国家元首になった。

　このクーデターは二つの点で、世界から注目されました。一点目は、実権を握った「祖国救済国民評議会」が、現行憲法の停止と共に、旧宗主国であるフランスへの金とウランの輸出停止を即座に決めたことです。

池上　ニジェールは世界第七位のウラン産出国で、日本も福島第一原発の事故までは輸入していました。ＥＵではウラン供給量の二〇％以上をニジェールから調達していました。中でも電力の七五％を原子力発電で賄ってきたフランスは、使用するウランの一五％をニジェールに依存してきたので、大きな打撃です。

佐藤　サヘル地域には、アルカイダやボコハラムといったイスラム武装勢力が伸長して、治安の悪化が深刻化しています。これらに対抗するため、フランスは二〇一三年から軍隊を駐留させていました。

池上　しかし二〇二〇年にはニジェールの西側のマリ、二〇二二年には南西のブルキナファソで、クーデターが起こりました。ニジェールのクーデターも、バズム大統領の治安維持対策に対する不満が理由に挙げられています。

■ウクライナ戦争でフランス軍が撤退

池上　イスラム過激派が勢力を伸ばしたのは、フランスの影響力が弱まって、権力の空白が生じたためです。フランスは「バルハン作戦」と名付けたテロ対策に失敗し、二〇二二年一一月に作戦を終了しました。さらにニジェールの軍事政権が、フランスとの間に結んでいた軍事協定を破棄したため、マリから撤収してきていた一五〇〇人規模のフランス軍は退去することになりました。

佐藤　インテリジェンス業界では、「ニジェールにウランがある以上、フランスが手を引くことはない」というのが常識だったのに、外れました。もしイスラム武装勢力がウラン鉱山を手中に収めれば、核流出の危険が生じかねません。

　フランスが影響力を失ったのは、ウクライナ戦争が原因だと私は見ています。選択と集中によって、西アフリカに置いていた国力をウクライナへ振り向ける必要が生じた。そのせいで、ギリギリで抑えていた西アフリカの治安が維持できなくなったんです。年金の支給開始年齢引き上げ法案など内政にさまざまな問題を抱えるマクロン大統領は、内心はウクライナと距離を置きたい意向なのに、アメリカに付き合わされたばかりに国益を毀損《きそん》してしまいました。

■影響力を増しているロシア

佐藤　実はフランスが手を引いて西アフリカに生じた空白を、積極的に埋めようとしているのがロシアなのです。ニジェールの軍事クーデターが注目された理由の二点目は、ロシアがアフリカ諸国に対して影響力を増しているという点です。二〇二三年六月の「プリゴジンの乱」で解体されたといわれていた民間軍事会社ワグネルが、アフリカでは依然として健在であることもわかってきました。

池上　当初、マリやニジェールは、イスラム過激派への対応をフランスに頼みました。しかし、フランス軍は先進国の軍隊だから、民間人に犠牲が出ないようにテロリストだけ標的にします。このやり方は、とても効率が悪い。そこでワグネルに頼んだら、あっという間に退治してくれる。やっぱりロシアに頼ったほうがいい。アフリカ諸国ではそうした認識になって、ワグネルはさまざまな利権を手にするようになったのです。

佐藤　ワグネルのような傭兵組織は、オーダーされた通りに動きます。「この集団を皆殺しにせよ」という指示を受けたときは、忠実に殲滅します。逆に、ウクライナのドネツク州バフムートで行なったように「良民を助けてウクライナの戦闘員だけ殺せ」と命じられれば、その通りに行動するんです。ワグネルは残虐だと言われましたが、それはワグネルの属性ではなくオーダーする側の問題です。

池上　ニジェールでクーデターを起こした軍事政権は、ワグネルがアフリカでの活動拠点にしているマリを訪れ、協力を要請しました。マリの軍事政権は、フランス軍と国連の平和維持部隊を追い出してから、ワグネルを迎え入れていたんです。

　その後、プリゴジン氏はプライベートジェット機の事故で死亡して、ワグネルの部隊はプーチン大統領直属の治安機関「国家親衛隊」に正式編入されたと報じられています。ロシア国防省は「アフリカ部隊」を新設して、アフリカにおけるワグネルの権益を維持しようと図っているようです。

　日本では、中国がアフリカへどんどん進出しているというニュースが流れます。それはその通りなんですが、ステルス的にロシアが出て行っていることはあまり報じられていなかった。ニジェールやマリ、チャドで表面化してきたということです。

■ソ連の恩義を忘れないアフリカ諸国

佐藤　ロシアには、アフリカを植民地支配した過去がありません。それどころか一九七〇年代までのソ連は、植民地の解放闘争に協力していました。九〇年代のロシアの指導者ならソ連との連続性を否定していたはずですが、プーチン大統領はそのことをむしろ強調しています。

池上　第二次世界大戦が終わって、欧米の資本主義国・帝国主義国から独立しようとする運動を支援したんですね。ソ連が南アにおいて、アパルトヘイトは許せないというイデオロギーを共有することになったのは当然です。南アにとっては、ソ連はアパルトヘイトへの反対運動を支えてくれた恩人で、一方の西側諸国はアパルトヘイトを推し進めた当事者です。

佐藤　たとえば当時のソ連には、アフリカの資源や食糧に手を出して、利権を握ろうという意図は希薄でした。

ソ連の本当の意図は、もちろん民族の解放ではありません。アメリカに対抗するために、植民地支配されていた国々を共産主義陣営へ引き込むことです。それだからこそ、ソ連国内で流通する砂糖や贅沢品だったグレープフルーツは、キューバ産でした。工業製品や服を輸出する代わり、砂糖やグレープフルーツを高い価格で大量に買って、遠距離輸送していたんです。経済合理性は無視して輸入していたわけです。

池上　一九七五年から二五年以上も続いたアンゴラの内戦で、反政府勢力を応援するためにキューバ軍が派遣されていましたね。アンゴラでは宗主国のポルトガルを相手にした独立戦争が、組織同士の内戦となって、米ソの代理戦争に発展したんです。

佐藤　ボツワナで制作された『コイサンマン2』（一九八八年）という映画に、アンゴラに駐留するキューバ兵が出てきます。

池上　アジアやアフリカの諸国が独立するに当たって、資本主義を取るか社会主義を取るかという選択肢がありました。アンゴラは、実際に社会主義国になっています。

佐藤　グローバルサウスの国々では、アメリカやフランス流の民主主義よりもソ連の強権的な体制のほうが、統治において好まれたのが実情です。選挙は民主的に実施されるけれども当選者は前もって決まっているとか、言論の自由はあるけれども行使すれば相応の責任を伴うといった仕組みが、為政者にとって都合がいい。

　欧米の民主主義をそのまま入れたら大混乱になるけれど、ソビエト型の民主主義だったら我々の国でもやれると判断した指導者が多かったんです。リビアのカダフィ大佐やシリアのアサド大統領がそうですね。

池上　人権問題を唱えて内政に干渉してくる欧米よりも、社会主義の旗さえ掲げれば支援してくれるソ連の方が歓迎されたんですね。

佐藤　しかもソ連は、欧米と違って入植してきません。ロシア国内でも人口が不足していて開発が追いつかないほどですから、外国まで行って入植させる余裕がないんです。そのため、ロシア人に顎でこき使われたり小馬鹿にされた経験もないわけです。

池上　ソ連にはソ連の思惑があったわけですが、アフリカの民族解放運動に勝った人たちからしてみると、その恩義が忘れられないんですね。

■ロシア外交は「遠交近攻」

佐藤　面白いのは、ロシアを知らない国ほどロシアを歓迎することです。ヨーロッパだと、ブルガリア、セルビアなど国境を接していない国は、ロシアのことが好きで仲良くなるんです。

池上　ロシアの外交は、『史記』に出てくる「遠交近攻」に似ています。遠い国と親しくして近隣諸国を攻めるという外交政策で、秦は、中国の春秋戦国時代に遠い斉や燕や楚と同盟し、近い韓、魏、趙を攻め、やがて六国を平定して中国大陸の統一を成し遂げました。

佐藤　アフリカの黒人が国内で高等教育を受けられない時代、受け皿になったのもソ連でした。モスクワに作った「パトリス・ルムンバ民族友好大学」が、アジアやアフリカから留学生を受け入れていたんです。

池上　コンゴ民主共和国の独立運動を指導して、のちに初代首相となったパトリス・ルムンバから名前を取った大学ですね。ソ連崩壊後は、ロシア諸民族友好大学という校名に替わっています。

佐藤　鈴木宗男さんが二十数年前にアフリカの大使たちを集めて会合を開いたとき、私がロシア語で話すと、みんなロシア語で返してきましたよ。パトリス・ルムンバ民族友好大学やほかのロシアの大学を出ていたからです。世界の共通語といえば英語かフランス語に分かれますが、アフリカの大使たちにとってはロシア語。それほどソ連は浸透していました。

　しかし、ロシア人というのは、アフリカ人に対しては非常に乱暴です。アフリカ人を「ネグリチャン（英語のニグロ）」と呼んだり、結婚に対する抵抗感も強いです。

池上　ルムンバ民族友好大学は、アフリカで民族解放闘争を行なうための人材を育成することが目的でした。

佐藤　プーチンの長女も、この大学の出身です。ソ連に亡命した袴田陸奥男（ソ連共産党員）の娘で、青山学院大学の袴田茂樹名誉教授の妹に当たるイリーナ・ハカマダさんもそうです。

池上　イリーナさんは、ロシアで政治家になっています。

佐藤　ルムンバ民族友好大学は一九六〇年代半ばまで、日本からも学生を受け入れていました。ところが日本は先進国になったというので、受け入れなくなったんです。

池上　社会主義に憧れる日本人が、進んでソ連へ留学した時代がありましたね。

佐藤　日本ではルムンバ民族友好大学に対して間違えたイメージがありますね。石原慎太郎の小説『亡国　日本の突然の死』では、射撃訓練や爆弾の訓練ばかりやらせているところとして描かれたので、テロリスト養成専門学校だと誤解されているんです。ただ、この小説はすごく面白いんですよね。パノフという悪辣なＫＧＢの工作員が、日本をソ連陣営に引き入れるために、日本でペスト菌をばら撒いて、ワクチンを提供する見返りに日米同盟から離脱させるというストーリーです。元駐日ロシア大使のアレクサンドル・パノフ氏が「なんで私の名前を使いますか」と怒っていました。

■結びつきを強めるロシアとアフリカ諸国

佐藤　二〇二三年七月末にロシアのサンクトペテルブルクで、第二回「ロシア・アフリカ首脳会議」と「ロシア・アフリカ経済人道フォーラム」が開かれました。

池上　アフリカに五五ある国と地域のうち四九が参加し、そのうち一七カ国は首脳自身が現地を訪れています。

佐藤　ロシアとアフリカ諸国が、様々な分野において結びつきを強めていることが再確認できました。日本のメディアのパッチワークのような報道だけ見ていると、世界情勢を見誤ります。ロシア大統領府は、プーチン大統領の会議でのスピーチや各国首脳との個別会談における発言をホームページに載せています。私は全文を読んで、翻訳しました。

池上　日本ではさしてニュースになりませんでしたが、かなり成果があったようですね。

■ロシア仕様の原発がアフリカに

佐藤　「ロシア・アフリカ経済人道フォーラム」の本会議におけるプーチンの演説のうち、重要な部分を紹介します。まず、経済、エネルギー、金融関連です。

〈昨年（注・二〇二二年）、ロシアとアフリカ諸国間の農産物貿易額は一〇％増の六七億ドルに達し、今年一月から六月にかけてはすでに六〇％増という記録的な伸びを示しました。ロシアは二〇二二年に一一五〇万トンの穀物をアフリカに輸出し、今年の最初の六カ月間だけで一〇〇〇万トン近くを輸出しました。これは、私たちの輸出に科せられた違法な制裁にもかかわらずです〉

〈現在、アフリカ一六カ国において、ロシアが参加する三〇以上の有望なエネルギー・プロジェクトが、さまざまな開発段階にあります。私たちが取り組んでいる発電プロジェクトの総容量は約三・七ギガワットです。私たちの会社ルスギドロ（ロシアの水力発電会社）は、アフリカのパートナーに、設計や機器供給からターンキー近代化、新しい発電施設の建設まで、幅広いサービスを提供しています。

ガスプロム、ロスネフチ、ルークオイル、ザルベジネフチは、アルジェリア、エジプト、カメルーン、ナイジェリア、コンゴ共和国の油田・ガス田開発に携わっている企業です。過去二年間で、ロシアの原油、石油製品、液化天然ガスのアフリカへの輸出は二・六倍に増加しました。

原子力利用におけるわが国の指導的会社であるロスアトムは、エジプトにダバア原子力発電所を建設しています。同時に、私たちの国営企業は、「平和的原子力」の非エネルギー利用、例えば医療や農業における独自の経験と比類のない技術をアフリカ諸国に提供することができます。

ロシアとアフリカの産業協力の深化は特に重要です。自動車、建設機械などの工業製品はアフリカ大陸で広く知られ、大きな需要があります。アフリカには、ロシアの機械をメンテナンスするための特別なサービスセンターがあります〉

〈貿易・経済関係の全範囲をさらに拡大するためには、貿易取引の金融決済において、ルーブルを含む自国通貨への切り替えをより積極的に行うことが重要です。この点で、私たちはアフリカ諸国と協力して金融インフラを整備し、ロシアで構築された金融メッセージング・システムに銀行機関を接続する用意があります。これにより、相互貿易の持続可能性、予測可能性、安全性が向上します〉

池上　ウクライナ戦争に対するロシアへの制裁が、アフリカ諸国との結びつきをかえって強めていることがわかります。

佐藤　ウランの精製工場と原発を造ることで、アフリカの国々がエネルギーに関して自立できるようになっています。ちゃんと相手国の利益になる仕組みにしてあるのが、ロシアの巧みなところですね。ニジェールのウランをロシアが押さえれば、ロシア仕様の原発がもっとアフリカに造られるでしょう。

■アフリカのエリートをロシア国内で教育

佐藤　次は教育分野です。

〈現在、アフリカからロシアの大学に留学している学生は三万五〇〇〇人近くにのぼり、その数は年々増加しています。連邦予算の負担によるアフリカ人の就学枠は三年間で二・五倍に増え、来年度は四七〇〇人以上になります。

　アフリカにロシアの一流大学の分校を開設する計画もあります。アフリカの教育機関との緊密な協力関係も、ロシア・アフリカネットワーク大学の枠組みの中で確立されつつあります。七月二六日、私たちのフォーラムの前夜に、サンクトペテルブルク鉱山大学で、鉱物資源複合体の専門家の共同訓練を提供するロシア・アフリカ技術大学コンソーシアム「ネドラ・アフリカ」の設立に関する協定が調印されたことをお伝えしておきます。これは非常に重要で興味深い協力分野だと思います。

　私たちは、高等教育だけでなく、一般教育や中等職業教育、学校や単科大学の教師、チユーター、技術スタッフの養成、共同学校の設立、ロシアとアフリカの国家教育プログラムの統合に基づく適合教材の開発など、アフリカの友人たちを引き続き支援していきます〉

ロシアは相変わらずアフリカのエリートを国内へ招き、国費を使って教育しているんです。医療分野でも同じで、「一万人以上のアフリカ人が、ロシア国内の医療専門分野で訓練を受けている」とプーチンは語っています。感染症に悩まされるアフリカにおいて、医療の専門家の育成は大きな意味をもちます。

池上　ルムンバ民族友好大学の伝統は、いまも活きているんですね。

佐藤　その通りです。ロシア語とロシア型の思考様式を身につけた彼らは、帰国後に政治や経済、教育や医療の中核を担っていきます。ロシアのアフリカに対する影響力は、今後も高まっていくでしょう。

■プーチンが見据えるウクライナ戦争後の世界

佐藤　かつてゴルバチョフとエリツィンはアフリカを切り捨てたので、非常に評判が悪いのですが、それ以前のフルシチョフとブレジネフ時代に積んだ陰徳が、いま戻ってきたような感じです。

池上　佐藤さんがおっしゃった欧米帝国主義国への積年の恨みと同時に、ロシアへの積年の恩義がいま花開いているわけです。西側がウクライナに気を取られている間に、ロシアはアフリカへ着々と進出しているんですね。

佐藤　プーチンは、ウクライナとの戦争が終わったあとの世界の姿を見据えています。次に登壇したアフリカ連合のアスマニ議長（コモロ連合大統領）は、安全保障面でロシアと協力することを表明しました。政情が不安定なアフリカの国々は、ロシアの軍事力で自分たちの政権を守ってもらおうと考えているわけです。

池上　アスマニ議長は、二〇二三年五月に広島のG7サミットに参加していました。その二カ月後には「ロシア・アフリカ首脳会議」で、ロシアに接近していたんですね。グローバルサウスは、やはりしたたかです。

■鍋まで持参する中国

佐藤　アフリカへのロシアの進出ぶりを見て焦っているのは、中国でしょう。

池上　中国も第三世界の盟主を目指していましたが、ソ連がアフリカを支援していた一九六〇年代から一九八〇年代には、まだ国力がついていません。イデオロギーは唱えても、実際に応援する資金力は全くなかったんです。いまはもちろん、莫大な支援をしています。習近平は二〇一三年の国家主席就任後、さっそくアフリカ諸国を訪問しました。ロシアの次に訪れたわけですから、どれだけ重視していたかがよくわかります。

佐藤　ただし中国はインフラ整備の支援を行なうにも、中国から資材と作業員を連れて行き、中華鍋まで持参します。仕事も生活も自分たちの中で全て回してしまい、現地で雇用や人材育成をしないし、お金も落とさない。利益は中国企業だけに入る仕組みです。

池上　アフリカへ行ってびっくりするような巨大な建造物は、みんなメイド・イン・チャイナですよ。エチオピアのアディスアベバにあるアフリカ連合の本部も巨大な建物で、やはり中国製です。のちに、盗聴器だらけだったことが発覚しましたけど。

■南スーダン独立はオバマ政権の功績

池上　「サブサハラ」と呼ばれるサハラ砂漠より南は、スーダン、ソマリア、ルワンダなど長年政治が混乱し、内戦が多発してきました。南スーダンは二〇一一年七月、住民投票で九八％が支持し、スーダンから分離・独立した。その直前の二〇〇九年夏、私はのちに南スーダンの首都となったジュバへ取材で行きました。スーダンの内戦は「忘れられた戦争」と呼ばれ、二〇〇万人の死者が出たそうです。私が訪れたとき、戦闘は終わっていましたが、戦車が転がり、道路は未舗装で泥だらけなので、車もノロノロ運転でないと進めませんでした。電気も満足に通っていないし、飲料水はペットボトル頼み。本当に悲惨な状態なんだけど、中華料理店は二軒ありました。日本のＪＩＣＡ（国際協力機構）、援助団体やＮＧＯも現地で活動していましたが、食事をする場所はそこぐらいでした。

当時、すでに中国の存在感はとても大きいものでした。北部でも南部でも、私たちを見ると地元の人たちは「ニイハオ」と声をかけてきましたし、ジュバでは立派な中国領事館や、中国資本のプレハブホテル「北京ジュバホテル」の偉容に驚かされました。

佐藤　南スーダンの独立は、オバマ政権が行なった歴史に残る二つのインテリジェンス工作のひとつでした。ひとつは、ミャンマーの軍事政権との関係改善で、中国が陸路からインド洋へ出られないように、ミャンマーを押さえた。もうひとつが、南スーダンです。石油が出るとあまり知られていないうちに、中国系石油企業が乗り出して本格的に採掘を始めていました。スーダンは、北部がイスラム教を信仰するアラブ系民族が多く、南部はキリスト教と蜘蛛を崇拝する土着宗教を信仰するアフリカ在来民族が多い。そこで、アメリカが働きかけて、南スーダンを完全に中国の影響下に入る前に独立させた。言ってみれば、満州国と同じ論理で作られた傀儡国家です。

池上　スーダンと南スーダンの国境あたりに油田があって、どちらに入れるかで揉めたんですね。世界地図ではいまもそのあたりが白くなっていますが、石油は一応、南スーダンが確保した状態になっています。

■投資するロシアは中国より魅力的

池上　私は七、八年前にも、アフリカをあちこち回りました。各国の政財界人が口を揃えたのは、「もう援助は要らない。投資をしてくれ」ということです。アフリカの話になるとついつい「かわいそうだから援助」と考えがちですが、彼らには、もはやそういう状態は脱した、アメリカの経済学者ロストウが唱えた「経済が離陸するとき」なんだから、アフリカに投資をすれば利益がある、という考え方に立ってくれ、と言われました。

佐藤　先に紹介した二〇二三年七月の「ロシア・アフリカ首脳会議」で、プーチンがまさにそのことを指して「ロシアは投資をする」と言っています。

　たとえばコーヒーですが、現在はＥＵの関税のせいで、豆のままでしか輸出できません。

そこでアフリカの首脳は、現地に工場を建て、焙煎をしてアフリカブランドで売れば数倍の値段で売れると持ちかけています。鉱物についても、リチウムを輸出するより電池に加工して輸出したほうが儲かる。新植民地主義でアフリカを援助だけの対象にして、アフリカ人に原材料の生産以外やらせない現在のシステムを、変えようというわけです。ロシアはアフリカ諸国からの提案を受け入れ、投資を行っています。

池上　これまでは欧米に資源だけ安く持って行かれたのが、自分たちでより付加価値の高い形にしてから輸出しようじゃないかというんですね。それはアフリカにとって、大きなメリットになります。

　このようにロシアがソフトの面でも進出しているのに対し、中国はまだまだハード面に偏っていて、道路を作ったり、水道を整備してやったりというレベルです。

佐藤　しかも中国の支援は、借款です。インフラが整っても借金が残ってしまう。ロシアは現物取引で、アフリカは資源を提供し、それに対して建物を作る。インフラ整備にしても借金をさせないことが、ロシアの売りなんです。身の丈に合った形で、お互い無借金経営でやろうと言うなら、一帯一路より魅力的に見えますよね。

池上　各国の政府や世界銀行は、本当に返してもらえるかどうか厳しく審査します。借りられれば金利は低いけれども、返せる保証がなければ貸してもらえません。ところが、中国は「いくらでも貸しますよ。金利はちょっと高いけどね」というわけです。それが魅力的で飛びついたはいいけれど、後悔している国がたくさんあるわけです。

佐藤　まるでマンガの『闇金ウシジマくん』（真鍋昌平作、小学館）の世界です。

中国の一帯一路は、原油などの資源を大量に買い入れる代わり、価格の安い消費財を大量に売りつける商法です。これは植民地型の貿易であり、かつて欧州諸国がやっていた収奪と変わらないことに、アフリカ諸国は気付いています。

利益を全て分配して余計な貸し借りを作らないのは、実はマフィアのビジネスと似ています。闇金よりもマフィアの方がサスティナブルだということですね。それに対し、ロシアはどういうふうにすれば嫌われるかをよく知っているから、各国の政権が握っている利権構造には深入りしない。

■博物館の収蔵品でも〝逆襲〟

池上　最近、旧植民地の国から旧宗主国に対して、「持ち去られたり奪われたりした美術品や工芸品を返してくれ」という動きがあります。これも、グローバルサウスの逆襲のひとつですね。
アフリカでも経済が発展してきたので、お金持ちになった人たちがイギリスへ旅行して、大英博物館に行きます。そこで展示品を見て、「なんだ、これは」と憤慨するわけです。日本でも長崎県対馬の観音寺にあった仏像をめぐって、韓国のお寺が「中世の時代に倭寇に略奪されたものだ」と所有権を主張して裁判を起こしました。韓国の最高裁は、仏像の所有権は長崎県の寺にあると認める判決を出しています。

佐藤　一九八六年のクリスマスのことですが、ギリシャの博物館へ行ったら、首から下だけの彫像が展示してあって、「頭部は大英博物館にあるので返還交渉中」と説明書きがあったのを覚えています。こうした面ではギリシャも、グローバルサウスの側に回るわけです。

池上　世界最大級といわれる「大エジプト博物館」が、日本のＯＤＡ（政府開発援助）などの支援で二〇二三年にプレオープンしました。カイロの「エジプト考古学博物館」は一九〇〇年頃にフランスやイタリアの協力で建てられたのですが、老朽化が進み、保存状態はひどいものでしたよ。展示品をその辺にゴロゴロ並べてあるだけで、観光客が触り放題だったんです。皮肉なんだけれど、大英博物館へ運ばれたおかげで良好な状態で保存されてきたのは事実です。しかし、持って行かれた国にすれば、「許さない。返せ」という話になります。

■「植民地支配はナチスと同じ」

佐藤　ナチスの犯罪については時効がないので、ナチスが奪った文化財の返還についても時効はありません。「植民地支配はナチスと同じように人道上の犯罪なのだから、時効はないはずだ」というのが、グローバルサウスの掲げる論理です。西側はこれを簡単に認めないので、国際法上ダブルスタンダードが生じます。ナチスに対しては時効はないとしつつ、自分たちの植民地支配には目をつぶるのか。

池上　ナチスの件でいえば、日本にとっても他人事ではありません。東京・新宿のＳＯＭＰＯ美術館で公開されているゴッホの「ひまわり」について、アメリカで訴訟が起こされたからです。「ひまわり」は一九八七年にロンドンで開かれた競売で、ＳＯＭＰＯホールディングスの前身のひとつである安田火災海上保険が、五八億円という当時の絵画取り引き史上最高額で落札して、世界的な話題になりました。ところが二〇二二年一二月にドイツ系ユダヤ人銀行家の遺族が、絵画そのものの返還か時価相当額の支払い、加えて損害賠償およそ七・五億ドル（約一〇〇〇億円）の支払いを求めて提訴したんです。

佐藤　当時、ナチスによって強制的に廉価で売却させられたものだから、というのが理由ですね。

帝国主義的な国際法の法理では、土地にしても文化財にしても、最初に見つけた人のものになります。しかしその前にも所有者がいたという主張は、まさにグローバルサウスの逆襲といえます。

池上　エジプトでは、ロゼッタ・ストーンの返還を求める署名活動が行なわれています。大英博物館やルーブル美術館から、目玉の展示品が減っていくかもしれません。

■沖縄にとっての歴史的事実

佐藤　今後、沖縄県の側から日本にも同様な返還要求が出てくる可能性は十分あると思っています。たとえば、琉球王国が結んだ三つの国際条約の外交文書は、今は東京の外交史料館にあります。一八七九年の琉球処分の際に、日本の外務省によって接収されてしまったからです。

三つの国際文書のなかでも特に重要なのは、一八五四年の琉米修好条約です。この条約はアメリカの議会で批准され、大統領が公布しています。つまり、琉球は国際法の主体である国家として認められていました。それから一八五五年の琉仏修好条約、一八五九年の琉蘭修好条約で国際法の主体と認められていた琉球王国が、一八七九年の琉球処分によって、琉球王国の同意を得ることなく、一方的に日本に併合されたというのが、歴史的事実なんです。

琉球が国際法の主体として認められていた証拠の文書を、日本に持っていかれた。外交文書の問題をつきつめていって、日本への統合が合法だったのかというところまで、議論はエスカレートしていく可能性が排除されません。日本の国家統合にも影響を及ぼす問題です。

池上　大変な話になりますね。

■次の標的は医薬品か

佐藤　グローバルサウスは、次の攻撃の矢を製薬会社に向けてくるでしょう。医療へのアクセスでは、先進国との間に大きな格差があるからです。保険制度が整っておらず、感染症予防のワクチンを接種する習慣もない国が、まだたくさんあります。

池上　今後、薬を巡る問題は非常に大きくなるでしょう。南米アマゾン川の流域では、欧米の製薬会社がジャングルの中の微生物などを採取して、薬につながる化合物を取り出す研究を行なっています。これに対して、「広い意味での知的財産は自分たちのものだ」という言い分が出ています。ブラジル政府は、勝手な採取を厳しく取り締まり始めました。

佐藤　アフリカの国々は、医薬品は人類全体の知的財産だから無償にせよ。そうすればエイズの蔓延も抑えることができる、と主張します。

池上　エイズ治療薬は、非常に高価なんです。アフリカではとにかく安く、あるいは無償にしろという運動があって、欧米の製薬会社は困っています。

■コロナ禍で変わった製薬業界の世界地図

佐藤　新型コロナのワクチン開発で、製薬業界の世界地図は大きく描き換えられました。ロシアはスプートニクというワクチンを独自で作れる製薬大国ですから、アフリカにさまざまな薬を提供することもできる。これからは独自にジェネリックを作って、流していく可能性があると思います。もし西側の製法を盗んだと提訴されても、ロシアには裁判権が及びませんしね。

池上　いち早くコロナワクチンを開発した中国は、東南アジアやアフリカ諸国にたくさん供給して「ワクチン外交」と自賛しました。しかし有効性が五〇%ほどに留まったため、ファイザーやモデルナのワクチンが普及すると、需要を失っていきました。

佐藤　ロシアも以前はアメリカの製薬プロジェクトの枠内にいたんですが、ウクライナ戦争に関して制裁を受けているので、遠慮する必要がなくなりました。西側によるデカップリングは、ロシアにフリーハンドを与えてしまう結果になったんです。人間にとって大切な価値は、生命、身体、財産の順番です。アフリカにおけるロシアの評価は、医療分野でも上がっていくはずです。

第四章　アメリカ大統領選が世界最大のリスク

■なぜトランプは大統領を目指すのか

佐藤　二〇二四年最大のイベント、一一月に行われる米大統領選挙について、じっくり話していきましょう。

池上　二期目に臨む民主党の現職バイデン大統領と、返り咲きを狙う共和党トランプ前大統領の一騎打ちになりますね。昨年までは「もしもトランプが大統領に返り咲いたら、どうなるか」と言われていましたが、二〇二四年に共和党の予備選挙が始まるとすさまじい勢いで勝ち続けています。

佐藤　プロローグでも触れましたが、トランプはアメリカにおけるグローバルサウス的なものを体現している存在です。一方、バイデンはグローバルノース的といえます。

池上　グローバルサウスを考える上でキーワードとなるのは、「恨み」でしょう。西洋列強によって侵略され、植民地にされた「恨み」。いまも続く搾取の構造への「恨み」。これはいまの欧米諸国の価値観でも否定できません。

　しかし、トランプの場合、そうした歴史的な背景のあるものではなく、個人的な恨みで動いている。

　少しさかのぼって、そもそもなぜトランプが大統領になろうとしているかを考えると、オバマへの恨みから決意したといわれるエピソードがあります。ホワイトハウス記者会が、毎年四月に大統領や著名なセレブを集めて主催する「年次記者晩餐会」は、歴代大統領が無礼講でブラックジョークを連発して笑わせる、年に一度のイベントです。

オバマ大統領は二〇一一年のこの晩餐会で、

「ハワイ州が、私の出生証明書をリリースしてくれました。これで疑いが晴れればいいのですが、疑問がある場合に備えて踏み込んだ証拠を用意しました。私の出生時の記録ビデオをお見せしましょう」

とスピーチして、ディズニー映画の『ライオン・キング』を上映したのです。アフリカで生まれたライオンのシンバを天高く掲げるシーンが映ると、会場は大爆笑でした。シンバはやがてキングになりますから、よくできたジョークなんです。

佐藤　トランプはその前からオバマに対して、「ハワイ生まれはウソで、本当はケニア生まれのイスラム教徒だ。大統領になる資格はない」というデマを触れ回っていましたからね。

池上　オバマは、スピーチをこう続けました。

「ドナルド・トランプが今晩ここに来ているけど、この問題に終止符を打てることを幸せに思っている。これで彼は、ほかの問題に集中できるでしょう。『月面着陸がインチキだった』とか『ロズウェルの宇宙人の話』とか」

「どうしてトランプさんは、私に大統領の資格がないと言うのでしょうか。本人が大統領になりたいからでしょうか。もし彼が大統領になったら、ホワイトハウスはこうなります」

そう言って、ホワイトハウスがカジノになっている予想図を見せました。みんな大笑いして、初めてその会に出席したトランプは大勢の前で赤っ恥をかかされたんです。

その恨みから、オバマ許すまじと誓ったといいます。トランプは当選後の二〇一七年、この晩餐会を欠席しています。ちなみに、他にこの会を欠席した現職大統領は、一九八一年に暗殺未遂事件のために入院中で病室から電話でスピーチしたロナルド・レーガンです。

■ 〝巌窟王〟トランプ

佐藤　トランプの心理を追体験するためには、アレクサンドル・デュマの『巌窟王』がうってつけです。無実の罪で全てを失った青年が脱獄して、謎の大富豪モンテ・クリスト伯爵として裏切った仲間へ復讐していく物語で、岩波文庫版（『モンテ・クリスト伯』）では全七巻のうち、二〜六巻まで復讐がテーマです。今後のトランプを理解するために読むように、学生や記者に勧めています。

池上　トランプの復讐には前歴があります。実際、二〇一七年から始まったトランプ政権の四年間は、オバマのやった仕事を全部ひっくり返すために費やされました。トランプは再選したら、間違いなく、前回の自分の勝利を奪ったバイデンに対する復讐を考えるでしょう。昨年一二月のＦＯＸニュースのインタビューで「あなたは独裁者ではありませんよね？」と訊かれて、こう答えました。

「ならない。ただし、大統領就任初日だけは別だ。国境を閉鎖し、石油の採掘を進めたい。そのあとで独裁者をやめる」

　何としてもバイデンを逮捕できる容疑を見つけろと、ＦＢＩや司法省に圧力をかけるに違いありません。

佐藤　そのノウハウは、日本人に教えてもらうといいですよ。特捜検察の援助を得れば、無理筋の捜査でも上手に仕上げます。

■時期尚早だったオバマ大統領

佐藤　オバマ大統領をどう位置づけるべきか、ということを私は最近考えています。アメリカ社会の底流には、依然として根強い人種差別の地下水脈があります。もしかしたら、アメリカにとって黒人大統領の登場は時期尚早だったのではないか。早すぎたために地下水脈化していた人種差別を刺激し、副作用、もしくは反動が出てきた。つまりオバマ大統領が、トランプ現象を引き出してしまったという仮説です。

池上　十分検討に値する議論ですね。

佐藤　アメリカの政治の専門家には、オバマが大統領候補になったとき「黒人ではあるけど、移民の系統であって奴隷の系統じゃないから、アメリカ社会をひっくり返すような影響はない」と説明する専門家がいました。私もそう考えていました。しかし、事後的に考えるとやはりオバマは、トランプだけでなく、「プアホワイト」と呼ばれる白人低所得者層や、「ラストベルト（錆びついた工業地帯）」に住む人たちを非常に刺激したのでしょう。

池上　もともとはトランプの個人的な「恨み」に過ぎなかったものが、南北戦争や黒人の人権闘争といった歴史的な「恨み」の文脈に結び付けられ、トランプが、新自由主義に置き去りにされた「見捨てられたアメリカ人」の代弁者となってしまった。人々が既成の権威に対して持っていた不満を、トランプは自分への支持に転化することに長けていたともいえます。

■トランプと「ディープステイト」

池上　トランプは大統領に復帰したら、何がやりたいのか。二〇二三年に発表した公約集「アジェンダ47」を見ると、わかります。

まず、「ディープステイト（闇の政府）」を解体することです。大統領になれば何でもできるだろうと思ったのに、前政権ではさまざまな良識派に抵抗されて思い通りにならなかった。そこでトランプが考えたのが、「ディープステイトが牛耳っているからだ」という陰謀論です。で、トランプは「次に大統領になったら解体してみせる」というわけです。

アメリカの公務員は、幹部級の四〇〇〇人から五〇〇〇人は政治任用です。でも下の人たちは、公務員試験に受かってきた連中でしょう。大統領に復帰したら、彼らについても「全員、忠誠心を確かめる。自分の言うことを聞けないヤツはすぐにクビにできる仕組みを作る」と言っています。前の政権のときは、それなりに優秀な共和党のスタッフが補佐についてトランプの強硬策にブレーキをかけたわけですが、ことごとくクビにしてきました。今度は忠誠心だけで選び、ひたすら自分の言うことを聞く政府に作り替えようとしているんです。

佐藤　プーチンや金正恩総書記と、気が合うかもしれません。プーチンは、民間軍事会社ワグネルの創始者プリゴジンが武装蜂起を宣言したとき、「絶対に許せないのは裏切りだ」と言っていましたから。

ただ、私は、ディープステイトについてのトランプの発言を、もっと真面目に捉えなければいけないと思っています。近代的な国家システムは、選挙によって選ばれた政治家と、資格試験によって登用された官僚で成り立っています。しかし、正規の手続きを経ていないのに経済や教育の政治的な決定に関与する人たちがいます。

日本で言えば、しばしば政府の諮問会議や有識者会議のメンバーにすらならないで、属人的な関係で首相や官邸上層部に影響を与える人たちです。この人たちの主義主張が政策に採用され、それが大失敗したら、誰がどう責任を取るのか。民主的統制を経てないエスタブリッシュメントたちが国家意志を形成するのは、世界的な傾向ですが、それが民主主義を空洞化させているのもまた事実です。そう考えると、トランプのいう「ディープステイト」は、一定の現実を反映している。トランプに対して忌避反応をもつのは、旧世代のエスタブリッシュメントの感覚なのかもしれませんね。

■登場が早すぎた指導者たち

佐藤　オバマのように、登場が早すぎた指導者は他国にもいますね。ロシアでは、ゴルバチョフがそうです。ゴルバチョフ・ソ連大統領がペレストロイカ（再構築）を進めすぎたせいで、このままでは社会主義国ではなくなってしまうと恐れた非常事態国家委員会の連中が、一九九一年八月、決起しました。

池上　当時ロシア共和国大統領だったボリス・エリツィンは、クーデターが起きると、モスクワ市内に出動した戦車の上に乗って、クーデターを激しく非難したんです。これによって、クーデターは失敗に終わりました。そして、エリツィンはソ連共産党の活動停止を命令し、一九九一年一二月にソ連は消滅しました。

佐藤　クーデターを起こしたのはゴルバチョフの選んだ側近たちでしたが、彼らの体質はむしろプーチンとの親和性が高いといえます。あのクーデターはあだ花だったと片づけられていますけど、成功していたら、プーチンが登場するより前にプーチン的な政権が生まれていたでしょう。そう考えると、暴力性も含めて、ロシアは通常運転に戻ったといえます。したがって、プーチンがいなくなっても、次に同じようなリーダーが出てくると考えられます。

ロシアは鎖国的な閉鎖状態の方が普通で、むしろ一九八五年から例外的に窓が開いている時代があった、と考えるほうが実態に近い。ゴルバチョフこそ、早すぎたか、もしくは異常な状況下のリーダーだったのです。この時代は自由民主主義市場経済の九〇年代とも言えますが、プーチンの側近たちは「混乱の九〇年代」とうまい表現をしています。

池上　時代が進みすぎると、揺り戻しが起こる。中国でも、同じ原理が働いていますね。鄧小平の改革開放路線によって民主化運動が芽生えましたが、天安門事件で挫折します。胡耀邦や趙紫陽といった改革派は姿を消し、経済が発展しても民主化は進まず、そののちに習近平が登場したわけです。

■プーチンが〝ほめ殺し〟た理由

池上　プーチンが今回の大統領選について初めてコメントしたのは二月一四日でした。ロシア国営テレビのインタビューで「トランプより、バイデンの勝利を望む」と語りました。

佐藤　理由は「より経験が豊富で、予測可能で、古いタイプの政治家」だから。要するに、手の内は全て見えるから御しやすいという意味でしょう。しかし、このコメントにはもうひとつ重大な意味が込められていました。それは、こうコメントすることで、逆にトランプを利する、ということです。

池上　その通りですね。さっそくトランプは、「自分こそがロシアと対決できる人物だと、プーチンが認めたんだ」と宣伝しています。

佐藤　バイデンとしては、思いもよらない変化球が飛んで来て、うまく打ち返せずにいます。いまのアメリカでプーチンに応援されるというのは、ヒトラーやサダム・フセインの後援を得ていますというようなものです。

池上　〝ほめ殺し〟ですよね。竹下登さんが次期総理候補だった頃に右翼団体から「日本一金儲けの上手い竹下さんを総理に」と街頭宣伝をかけられた皇民党事件を思い出しました。

　プーチンからの援護射撃には、伏線がありました。米サウスカロライナ州で二月一〇日に行われた支持者集会で、トランプは大統領在任時の話を披露したんです。

佐藤　ＮＡＴＯ（北大西洋条約機構）の主要加盟国の首脳から、「じゅうぶんな軍事費を負担していない加盟国が、ロシアから攻撃を受けたとしても、米国は防衛してくれるか」と訊かれて、「ちゃんと払ってない？　だったら防衛しない。逆に、彼ら（ロシア）に好きなようにするよう伝えるだろう。払わなければダメだ、と答えた」と明かしました。

池上　要するに「ＮＡＴＯ加盟国はＧＤＰの二％を軍事費にあてろ」という趣旨です。トランプとしては「俺様はヨーロッパにもこんなに強いことを言えるんだ」と自慢したつもりだったんでしょう。ところが、プーチンは「トランプの失言だ。アメリカの世論にとってまずいことになる」と考え、トランプを側面支援するために「バイデンのほうがいい」と言ったわけですね。

　プーチンとしては、「トランプが来年一月に大統領に就任すれば、ウクライナへの軍事支援が止まる。あと一年待てばすべて思い通りになる。それまでに少しでも、ウクライナの領土を取っておこう」という考えでしょう。

佐藤　北朝鮮の金正恩総書記だって、「トランプが大統領になったら核の保有を認めると言ってくれてるんだから、しばらく大人しくしておこう」と考えているはずです。

池上　金正恩は、トランプと交わした「アメリカまで届くようなミサイルの実験と核実験をしない」という約束をいまも守っています。トランプが大統領になったら喜ばせるためでしょう。ミサイル実験では真上に撃ちあげていますし、衛星画像によれば核実験の準備ができていると思われるのに実施していません。

■バイデン再選のほうがリスク

佐藤　トランプ復帰にもバイデン再選にもリスクがありますが、メディアはトランプが及ぼすリスクを大きく扱っています。しかし私は、バイデン再選のほうがリスクは高いと思っているんです。年齢的にも心身の衰えが懸念されていますし。

池上　二月に発表されたABCニュースなどの世論調査によると、八一歳のバイデンが二期目を務めるには「年を取り過ぎている」と答えた人は八六%。七七歳のトランプが「年を取り過ぎている」と答えた人は六二%でした。

二〇二一年一月の就任時点で七八歳とアメリカ史上最高齢の大統領だったバイデンは、二期目を終えるときは八六歳。いまでさえ、記憶違いや言い間違いが目立っています。ウクライナとイラクを混同したり、現職のフランス大統領をマクロンではなく、「ドイツのミッテラン」と言ったり。ついには、自分の孫の人数まで間違えました。そうした言い間違いの場面だけ集めた動画が作られて、再生回数を稼いでいます。

さらに、副大統領時代の機密書類を私邸で保管していた問題では訴追されなかったものの、捜査をしていた司法省のロバート・ハー特別検察官が、バイデンの故意を認めながら、「記憶力に劣る高齢男性」なので有罪にするのは難しいと結論づけたのです。トランプ側に恰好のネタを提供した形です。

佐藤　プーチンは、二月のロシア国営テレビのインタビューで、こうも語っています。

〈私がバイデン氏とスイスで会ったのは数年前、つまり三年前のことですが、そのときでさえ、バイデン氏は能力がないと言われていた。私はそのようなことは何も認めませんでした。彼は書類を覗き込んでいました。正直に言うと、私も覗き見していました。それは悪いことではありません。しかし、ヘリコプターから降りるときに頭をどこかにぶつけたという事実は……まあ、頭をどこかにぶつけたことがない人なんていないでしょう。言いたい人に言わせておけばいいでしょう〉

池上　完全に馬鹿にしていますね。しかしトランプにしても、共和党で指名を争っていたニッキー・ヘイリー元国連大使を、民主党のナンシー・ペロシ元下院議長と混同しました。あとから、意図的だったと言い訳しましたけどね。バイデンの悪口を言おうとして、オバマと言ったりもしています。自分の妻の名前まで間違えたこともあります。けれど現職の大統領の言い間違いのほうが、はるかにニュースになるわけです。

■トランプに勝てる唯一の民主党候補は誰？

池上　民主党はバイデンに決まりましたが、「いざというときは、いつでも私が」とアピールし始めた人物がいます。今回も副大統領の候補になっているカマラ・ハリス副大統領です。二月六日のウォール・ストリート・ジャーナルの単独インタビューで、「私はいつでも大統領になる準備ができている」と言いました。そのあと、バイデンの記憶力は衰えているんじゃないかと質問されたら、大慌てで擁護しましたけどね。

民主党は各州で予備選挙や党員集会を行なって、夏の党大会までに代議員を選んでいきます。ただ、何か不測の事態が起こった場合は、奥の手として民主党全国委員会が党大会で候補者を替えることができるんです。カマラ・ハリスは明らかにそれを意識して好印象を与えようと考えているのでしょう。

佐藤　ただ、土壇場で対抗馬が替わったら、トランプが喜びそうですね。

池上　彼女はまだ五九歳と若いですが、不人気ですからね。本人は「自分の仕事ぶりを見れば、誰でも指導力に対する十分な認識を抱く」とも語っていますが、移民対策など肝心の仕事ぶりが評価されていません。

佐藤　それだったら民主党は、思い切ってミシェル・オバマを立てたほうがいいですよ。

池上　民主党の最後の手段。本当に大逆転を狙うならミシェル・オバマですね。絶大な人気ですから、トランプに圧勝できます。

佐藤　間違いありませんね。

池上　そうなのですが、本人は政治に興味がないから絶対に出ないと言っています。夫が大統領選挙に出るときも、全然いい顔をしませんでした。オバマが家に電話して「どうやら大統領候補に引き立てられそうだ」と話したら、ミシェルは「そんなことどうでもいいから、夕飯の材料を買って来なさい」と答えたそうです。

佐藤　待望論は強いし、政治家としての能力はじゅうぶんあるでしょう。オバマ大統領にとって、政治顧問的なパートナーだったわけですから。

■〝ポスト・バイデン〟が出なかった理由

池上　結局、民主党からは〝ポスト・バイデン〟の大統領候補が出てきませんでした。

佐藤　バイデンが次の世代を潰したのではないかと思います。でも、基本的にアメリカは、次の指導者を育てない国ですよね。

池上　人材は育てなくてもいつも勝手に出てくる国です。トランプだって、共和党のほかの候補をひたすら潰しています。民主党でポスト・バイデンが出ない大きな理由は、オバマ政権のときバイデンが副大統領だったためでしょう。民主党の支持者はいまでもオバマが大好きだし、オバマを支えたバイデンに対する評価は高いんです。しかもバイデンは、四年前の二〇二〇年にトランプに勝っています。トランプに勝った唯一の候補だから、周りが引きずり降ろすことはできませんでした。

　私が注目しているカリフォルニア州のギャビン・ニューサム知事は、将来の大統領候補として期待され、民主党のなかでも支持が高い。二〇二八年の大統領選には出馬するでしょうが、「バイデン大統領に挑戦することはない」と話しています。

佐藤　ニューサムはまだ五六歳で、若いですからね。トランプは七七歳、バイデンは八一歳です。八〇代では頑固さが違いますから、バイデンのほうが老人力は強そうです。本気でやりたいと言っているお爺ちゃんを止めるのは、大変なんですよ。安倍晋三元総理の回顧録を読んでも、中曽根康弘大勲位に国会議員を辞めていただくのがどれくらい大変だったかがわかります。会社でも同じですが、お爺ちゃんの特徴というのは「俺がいなくなったら、この組織は潰れる」と信じて居座ることです。そういうお年寄りが居座ると、組織はそのせいで停滞するものですけど。

■共和党を変えたトランプ

池上　世論調査の支持率を見ると、バイデンの四五％前後に対して、トランプは四七％と上回っています（二〇二四年三月時点）。なぜアメリカ人はトランプを再びリーダーに選ぼうとしているのか。佐藤さんはどう考えていますか。

佐藤　ひと言で言えば「格差」への怒りですね。アメリカ社会でも格差が広がって、下から七割の国民は過去三〇年賃金が上がっていません。糖尿病患者がインスリンを一回打つのに五〇〇〇ドル、つまり七五万円かかります。「金がないヤツは病気になったら死ね」というのが、いまのアメリカです。こんな社会にしたエスタブリッシュメントには、責任がある。それを乱暴な言葉で訴えているのが、トランプじゃないでしょうか。

池上　トランプが二〇一六年に出てきて、過激で乱暴でわかりやすい物言いや、「アメリカが最も大事であり、他国のことはどうでもいい」という政策に、白人の低所得者層が熱狂しました。それまで政治に興味がなかった人々も、「トランプは面白い」とにわかに関心を持ち始めたのです。

佐藤　彼らトランプ支持者は理屈を超えて、全実存をかけて支持していますよね。「状況はよくわからないけど、エリートで人権やらポリコレを振りかざす民主党の連中が言っていることは、ふざけているよな」「トランプは絶対正しいよ。俺だってトランプだって体を張ってるんだから」という支持層が一番強い。

池上　そうですね。前回の大統領選の際、いわゆるプアホワイトが「トランプを大統領にしてやろう」と共和党の集会にどっと押し寄せたんです。州によって違いはありますが、党の集会で届けを出せば、義務や資格もなく簡単に党員になって投票できる所が多いんです。あのとき、共和党は党員が爆発的に増えたんです。

　もともと共和党の主な支持層は、大企業や軍事関係者、キリスト教右派、保守派の富裕層などでした。ところが、トランプの出現によって、共和党とは何の関係も興味もなかった人たちが党員となり、共和党を乗っ取ってしまったというわけです。トランプは「俺が党員を増やしてやった」と自慢していますけど。

佐藤　そこで働くのが、質量転化の法則ですね。ある一定の量を超えると、質も量も変化する。トランプ及びトランプ支持者に利用価値を見出したインテリたち、エスタブリッシュされた人たちがやってきます。マルクス主義だって最初は粗雑な運動だと思われていましたが、ロシアで革命が成功したら、世界各地で知的エリートが感化された。これから同じような現象が起きるかもしれない。

■アメリカにハイデガーが再来したら

池上　そういう意味でいうと、シンクタンクが、再選されたらトランプは何をやるかと勝手にいろんな構想をつくっていますね。

佐藤　二〇世紀最大の哲学者といわれるハイデガーは、ヒトラーを「世界史的な使命を持った男があらわれた」と支持しました。アメリカでもハイデガーのような知識人が出てくるかもしれません。

トランプとは今までは利害関係がなかったけれど、「トランプはアメリカをこう導こうとしている」という人が登場したら、トランプ自身も「そうか、俺が無意識にやっていることはこういうことだったんだ」と思って、そこへ接近していくでしょう。

池上　なるほど。トランプ自身も「あっ、そうなのか」と使命に燃えるわけですね。

佐藤　だから、トランプに対する語り部が必要なんです。ヘーゲルは歴史を動かしていく英雄を重視して、『歴史哲学講義』で英雄をヨイショする方法を書いています。その手法を適用すれば、こんなイデオロギーをつくることもできますよ。アメリカが生き残るためにトランプの世界史的使命があるのに、まわりの連中やアメリカ人はわかっていない。トランプの最大の敵はアメリカのなかにいる。アメリカにも悪魔崇拝者がいて、プーチンが言っていることは正しいぞ。神は男と女しかつくっていないのに、民主党の連中はそうじゃないものを出してきて、アメリカの家族を根っこから壊そうとしている。サタンに乗っ取られた民主党がディープステイトと結合している。俺は「家族の破壊」の危険を前から言っているんだ。アメリカをもう一回偉大にするために、建国理念に立ち返ろう――。

　こんな感じでやると、価値観としては、北朝鮮や、プーチンのロシアと近くなっていきます。グローバルサウス側からしても、バイデンよりトランプのほうがいい。

池上　トランプ自身も、トランプ現象も、まさにグローバルサウスの逆襲と言えますね。

　そういえば、アメリカでは二〇二三年に興味深い事件がありました。白人の労働者に人気で、二〇年以上売上トップだったビール「バドライト」が、トランスジェンダーの俳優、ディラン・マルベイニーを広告に起用したら、途端に白人の保守層の間で不買運動が始まったんです。「トランスジェンダーが推薦するようなビールを、俺たちが飲めるか」というわけです。バドライトの売上は三〇％も激減して、売上ナンバーワンから陥落。販売元のアンハイザー・ブッシュ社の株価は、一五％も下落してしまいました。

佐藤　ディランはTikTokで一〇〇〇万人のフォロワーをもつインフルエンサーですが、トランプ信者に重なる人たちの反発の方が上回ったわけですね。

■第二次世界大戦後以上の混乱

池上　大統領選挙に大きな影響を与えている国際情勢についても見ていきましょう。各国政府も産業界も、「ほぼトランプだろう」と対策を練り始めました。

佐藤　ただ、トランプ再選後の世界のパワーバランスがどうなるかについては、あまりにも不確実な要素が多すぎます。トランプ後の世界について、明確な図を説明できる人は、嘘つきか、全くわかっていない人のいずれかだと思います。小さな出来事が巨大なリスクにつながりかねないバタフライ効果をもたらすことも考えられるのです。「アマゾンでチョウチョが羽ばたいたら、フロリダでハリケーンになります」的な話を、自信たっぷりにしている人ほど危ない。

　確実なのは、世界が多極化というより複雑系になることで、そうすると予測不能の問題がたくさん出てきます。〝危険人物〟のトランプか、再選された場合、任期末には八六歳になるバイデンか。そのどちらが選ばれても、中長期的にはアメリカは内向きになり、アメリカの力はこの程度だったのかということが露呈してくることは間違いないでしょう。アメリカが世界での存在感を低下させると、その空白をどう埋めるかが課題となり、世界各地で勢力均衡線の引き直しが行われることになります。それによって、第二次世界大戦後の国際秩序の転換というレベルではない混乱が起きるでしょう。

■トランプ再選なら、プーチンが「アメリカに勝つ」

池上　バイデンが再選するか、トランプが復帰するかで、外交政策が大きく異なることがはっきりしているのは、ウクライナへの支援です。トランプは「自分が大統領になったら二四時間以内に終わらせる」と言っています。これは、アメリカがウクライナへの支援をやめることを意味しています。

佐藤　ウクライナに単独での戦争継続能力はなく、アメリカの支援に頼っている状況ですから、アメリカが手をひいたら、早い段階で停戦するでしょう。そうなると、アメリカにはしごをはずされたウクライナは恨んで、反米に転じるかもしれません。これは、ウクライナ戦争の初期からフランスの人口学者エマニュエル・トッドが表明している懸念です。

一方、バイデンは、決定的な失敗をしました。それは、ウクライナ戦争とイスラエル情勢を結びつけたことです。

池上　バイデンは国民に向けてウクライナとイスラエルへの軍事支援を求めたテレビ演説で、「ハマスとプーチンは、どちらも隣接する民主主義国を完全に消滅させたがっている」と語りました。

佐藤　ロシアとハマスを同列だとしたせいで、「ロシアはウクライナに攻め込んで人道問題を起こしているけれども、イスラエルがガザでやっていることはどうなの？」という疑問が出てきました。「むしろハマスは、力関係で言えばウクライナと似ている立場ではないのか」というわけです。そうなると、「イスラエルが善なら、なぜロシアを非難するのか」というダブルスタンダード論が出てきます。

池上　ロシアとハマスを同一視したために、片方だけ停戦を進めることができなくなってしまったのですね。

佐藤　その点、トランプは有利です。ウクライナ戦争は「バイデンの戦争だ」と思っていますから。トランプは大統領就任前にプーチンに接触して、就任した瞬間に停戦合意が結ばれるように要請する可能性すらあると私は見ています。

カに勝った」と国内に向けてアピールするでしょう。

一方、プーチンはウクライナ戦争をアメリカとの戦いだと思っていますから、「アメリ

■イスラエルへの強い思い入れ

佐藤　ガザ地区におけるハマスとイスラエルの戦闘も、大統領選に大きな影響を及ぼしています。

池上　バイデン政権はイスラエル支持ですが、民主党の支持者は多種多様です。アラブから逃げて来た人たちもいるし、Z世代の若者たちの中には、迫害を受けた歴史に由来するユダヤ人の現状や危機意識を知らない人たちもいます。彼らがガザ地区の悲惨なニュース映像を見れば、「イスラエルは酷い。パレスチナがかわいそうだ」と感じるわけです。前回の選挙で、バイデンは若者票をかなり取っているんです。その若者たちが、イスラエルを支持するバイデンに対して幻滅しています。

バイデンがサウスカロライナの黒人教会で演説しているのをCNNの生中継で見ていたら、イスラエル支援に反対する人たちが声を上げて、つまみ出されていました。こうした人たちはトランプには投票しないでしょうが、棄権するかもしれません。バイデンに投票

しない人が増えそうなのに対して、トランプの岩盤支持層は必ず投票に行きます。バイデン票が前回より減ることによって、トランプ勝利の可能性が極めて高くなっています。

佐藤　一方、トランプは「アメリカはもう世界の警察官の役割を務めない」という立場ですが、イスラエルに関しては、特別な思い入れがあります。

池上　トランプは任期中にエルサレムをイスラエルの首都と認め、アメリカ大使館をテルアビブから移転し、イスラエルとアラブ首長国連邦の間で平和条約と国交正常化についての協定「アブラハム合意」を実現させました。また、イスラエル寄りでパレスチナを敵視していたから、パレスチナ難民を支援しているＵＮＲＷＡ（国連パレスチナ難民救済事業機関）への拠出金を停止しました。

彼はイスラエルのネタニヤフ首相とは良好な関係でした。ところが四年前の大統領選挙で負けて、「選挙は盗まれた。実は自分が勝っていたんだ」と主張していた最中に、ネタニヤフがバイデンに祝福の電話をかけたんです。

佐藤　ネタニヤフは、超大国アメリカとは上手くやらないといけないし、どうせバイデンになるだろうという腹を据えてお祝いの電話をかけたんでしょう。しかし、冴えていた昔のネタニヤフなら最終的に確定するまで様子を見たはずです。

池上　今回の紛争が始まった当初、イスラエルとユダヤ人を支持しているはずのトランプが、ネタニヤフを批判したのは、それを根に持っているためだと言われます。「俺はあんなにネタニヤフを支援したのに」と。しかし最近は大統領選挙のユダヤ票欲しさから、批判を慎むようになりました。

佐藤　いまの文脈では、そのことがトランプにとってプラスに作用しています。トランプにとっては、貸し借りが成立していないから、ネタニヤフを恨んでいるのでしょうが。

池上　そういえばトランプの孫たちは、ユダヤ人なんです。娘のイヴァンカがユダヤ人のジャレッド・クシュナーと結婚するときにユダヤ教に改宗したことは、よく知られています。また、二人の息子は、いずれもユダヤ人の女性と結婚したんだそうです。ユダヤ人の女性から生まれた子どもはユダヤ人ですから、トランプの孫たちはユダヤ人というわけ。これではますます、イスラエルに肩入れすることになるでしょう。

■アメリカ国内の反ユダヤ主義

佐藤　いま、アメリカの軍備はかなり追い込まれていると私は見ているんです。日本政府は二〇二三年一二月に防衛装備移転三原則に関する閣議決定を行い、殺傷の能力のある兵器を海外へ送れるようにした結果、三菱重工がライセンス生産して自衛隊が保有していた地対空迎撃ミサイル「パトリオット」をアメリカへ輸出することが決まりました。この動きは、アメリカの本土防衛のために備蓄しているミサイルの本数が、イスラエルへの提供で最低ラインを割り込む状態になっているため、補充しなければならないからなのです。

　もしイランが支援するヒズボラなどの武装勢力が攻撃を開始し、イスラエルが国家存亡の危機を迎えても、はたしてアメリカが助けに乗り出すかどうか、大きなクエスチョンがつくと思います。アメリカがイスラエルに地上兵力を派遣することはないでしょう。

　アメリカがイスラエルを支持する理由として、ユダヤロビーの存在が指摘されますが、実はさほど大きな力ではありません。それに『反ユダヤ主義』（講談社選書メチエ、村山雅人著）などにも詳しく書かれていますが、アメリカの底流には反ユダヤ主義があります。

池上　アメリカの有名大学では、ハマスによる攻撃以降、パレスチナを支持する抗議デモが頻発し、大学側の対応が問われるケースが続いています。ペンシルベニア大学のエリザベス・マギル学長は「差別的な反ユダヤ主義を明確に否定しなかった」と批判されて辞任。ハーバード大学初の黒人女性学長だったクローディン・ゲイ氏も辞任に追い込まれました。ただ、過去の論文の盗用疑惑まで取り沙汰されたのは、かねてから「黒人の女性がハーバードのトップになるなんて、けしからん」という差別や反感の的になっていた気配もあります。

アメリカで暮らす一般のユダヤ人の中にも、イスラエルを全面支持している人もいれば、反対している人もいます。少人数ではありましたけど、ニューヨークでイスラエルの攻撃に反対するユダヤ人のデモも行なわれました。

佐藤　逆に、「断固イスラエルを支持するべきだ。バイデンのやり方は生ぬるい」と言っているトランプとイスラエルの結びつきは、ますます強化されています。

■トランプ自身も「原爆投下と並ぶ大罪」

池上　トランプは現在、四つの事件、合計九一の罪で起訴されて、裁判が続いており、大統領選への出馬資格が危ぶまれていましたね。

佐藤　コロラド州の最高裁は、トランプが国会議事堂への襲撃に関与したという理由で予備選への参加資格がないという判断を下しました。しかし連邦最高裁で、この判断は覆されました。自分が大統領時代に送り込んだ三人を含め、九人のうち六人が共和党の任命による判事ですから、こういう結果に意外性はありません。

池上　トランプは法廷で「大統領在任中の行為は免責特権が適用される」と主張しています。今年一月二〇日には支持者の前で、トルーマン大統領が原爆投下を決断したことを引き合いに出して、「敵対勢力に起訴されるなら行わなかっただろう」、「あなたがたは大統領に免責特権を与えるべきだ」とスピーチしました。本人は気づいていないかもしれませんが、トランプ自身も、議事堂襲撃事件などについて、原爆投下と並ぶ大罪だと言っているに等しいのですが。

佐藤　正当な選挙結果を暴力で覆そうと試みたわけだから、普通の法治国家なら政治参加への資格を失うはずです。それなのにトランプは失っていない。こう考えると、アメリカでは規格外のことが起きているんです。

池上　国際政治学者のイアン・ブレマーが社長を務める調査会社「ユーラシア・グループ」が「二〇二四年の一〇大リスク」を発表しましたが、トップは「米国の敵は米国」でした。

佐藤　本来はアメリカの国内問題なのに、アメリカの分断が世界最大のリスクだというわけですね。

池上　その分析を見ると、バイデンが勝てばトランプは絶対に結果を認めないだろう。そうなると二〇二一年以上の大変な動乱になる。トランプの支持者たちが、ただ議事堂を襲撃するだけではなく、おのおの武器を手にするかもしれない。

一方、トランプが勝てばバイデンは負けを認めるだろうが、民主党の支持者の中にも納得できない人たちがいる。トランプが二〇一六年に当選したときも激しい反対運動が起こったが、今度はもっと激しく物理的な衝突が起きるだろう、と予想しているんです。エスカレートすれば、アメリカは内戦になりかねないということです。

■モンロー主義へ回帰するアメリカ

佐藤　トランプが復権したあとのアメリカは、ヨーロッパのことには関与しない、独立した当時のアメリカに戻る傾向を示すと思います。

池上　「モンロー主義」ですね。第五代大統領のモンローが一八二三年に提唱した孤立主義のことで、アメリカは長く守ってきました。要するに、南北アメリカの国々に対して「ヨーロッパは口を出すな。アメリカもヨーロッパのことに口を出さない」というもので、アメリカもヨーロッパもお互いに政治干渉をしないようにするという外交方針です。第二八代のウィルソン大統領が創設に努力した国際連盟も、議会の承認が得られずに加盟しませんでした。世界のリーダーになるより、他国の戦争に巻き込まれることを恐れたんです。第二次大戦にしても、ヨーロッパの戦火の広がりを目にしながら、アメリカはなかなか参戦しなかったわけです。

佐藤　モンロー主義の提唱からちょうど二〇〇年たって、アメリカはかつての路線に回帰したとも言えます。

池上　さらに言えば、第二次世界大戦後にソ連が力を得て西側を脅《おびや》かすことになったために、アメリカはソ連包囲網を作りました。そこで、やむなく「世界の警察官」を引き受けたわけです。アメリカの歴史の中で現在の姿は、第二次世界大戦後の非常に特殊な一時期にすぎないんです。

　トランプは前回の政権のとき、モンロー主義を「アメリカの公式な政策」だと語っていました。そもそも初代大統領のワシントンからして、「アメリカ以外のことは考えるな」と言っていますから。

■国際情勢は短期的には安定

佐藤　今後のアメリカは、第二次世界大戦前よりもアメリカ第一主義になるでしょう。経済面では、海外からの輸入品に一〇%の関税をかける。中国からは六〇%だと宣言しています。もしこれが実現すれば、アメリカ国内の産業は振興しますね。

池上　アメリカ国内の景気はよくなるはずです。だから産業界も金融界も、すでに期待しています。バイデンが行なった石油や石炭に対する規制を取っ払い、海外から軍隊を引き揚げさせてメキシコとの国境警備に充てるとも言っています。

佐藤　トランプは戦争を好みませんから、イスラエルを除けば、価値観戦争的な紛争はなくなり、短期的には国際情勢はしばらく安定すると思います。しかし、各地で「アメリカ撤退による力の空白」が生じる。だから、不安定を通り越して、誰も予想できない未知の領域に入ることになるでしょう。「自然は真空を嫌う」とアリストテレスは言いましたが、本書で論じてきたように、力の空白を埋めるのが、〝グローバルサウスの逆襲〟なのです。

■アメリカには狡さと嘘がある

佐藤　トランプは「自由や民主主義を守るために、米軍が他国へ出ていく必要はない」といいますが、素朴な正しさがあります。

　ウクライナ戦争について、ロシアは明らかに間違っています。しかし西側は、「我々の自由や民主主義や価値観を守るために戦え」と言って、ウクライナにお金と武器だけ貸し付ける。死ぬのはウクライナ人とロシア人だけ。これがモラル的に正しいのか。私は正しくないと考えます。

ひと昔前のアメリカだったら、自分たちが戦いました。自由社会を守るためにベトナムへ行き、テロと戦うためにアフガニスタンへ行きました。最近のアメリカには狡《ずる》さと嘘があるでしょう。トランプは、そこも巧みについていると思います。

池上　アメリカの狡さでいうと、オバマ時代にＩＳが出てきたときも、米兵が死なないようにクルド人に武器や金を送って戦わせましたね。クルドの民兵に万単位の犠牲が出て、ようやくＩＳを鎮めることができました。米軍はクルド人を支援するため後方にいたんですが、トランプが大統領になったら撤退させました。

■台湾有事が起きたら

佐藤　台湾有事が現実になれば、ウクライナ戦争の繰り返しになるかもしれません。東アジアの民主主義を守るために、台湾人が中国人と戦う。気をつけないといけないのは、憲法九条を改正して日本が参戦できるようになれば、アメリカから武器と金だけ提供するから戦ってこいと言われるかもしれない、ということです。アメリカ的な価値観を守るために、日本人が中国人と戦うことになりかねないんです。

池上　台湾有事が起きたら、アメリカが守るとされていますが、アメリカの台湾関係法には「台湾がもし他国の侵略を受けた場合、アメリカは憲法に基づいて適切な対応を取る」とだけ書かれています。つまり、議会上院が宣戦布告を決議したら大統領が軍隊を送ることもできるが、その間に時間がかかって、台湾は占領されてしまうかもしれないわけです。台湾にはアメリカはいざというときに何もしてくれないんじゃないかという不安があります。

■ペトロダラーの崩壊もあり得る

池上　トランプの復権でアメリカ国内が混乱したら、基軸通貨としてのドルが揺らぐ恐れがあります。原油国際取引市場では国際決済のほとんどがドル建てで行われるため、石油（ペトロ）の国際取引が「ペトロダラー体制」と呼ばれてきましたが、近年では自国の通貨で直接決済しようという動きが相次いでいます。基軸通貨としてのドルと、世界のエネルギー源としての石油。マネーとエネルギーの両方を支配していることがアメリカの国力の源だったのですが。

佐藤　すでにロシアは石油の輸出国にルーブルでの決済を求めていますし、サウジが石油の現物取引をロシアや中国と始めています。人民元やインドルピーでの決済が広がっていくと、ペトロダラーの崩壊のリスクがあり得ます。

　さらに、ロシアや中国がアフリカの現地通貨での相対取引を認めるようになると、基軸通貨としてのドルにはかなり風穴が開いてきます。ドル以外の基軸通貨体制ということで言えば、ロシアにはソ連時代の経験があるんです。東ドイツマルクやポーランドズウォティやチェコクローネと決済していたからです。独自の通貨「振替ルーブル（コメコンルーブル）」も作っていました。

池上　これは、社会主義一〇カ国が加盟していた「経済相互援助会議（コメコン）」内で決済するための通貨ですね。

佐藤　一部のアフリカ諸国との相対取引では、ルーブルと現地通貨での取引だったはずです。そうしたコメコンシステムを覚えている人たちがロシアにいる間は、復活する可能性があるわけです。現在、西側の銀行が利用している「ＳＷＩＦＴ（国際銀行間通信協会）」のシステムとは違うやり方です。

池上　ソ連崩壊から、三〇年ちょっとしか経っていませんからね。

佐藤　ロシアはオリガルヒ（新興財閥）が主導する歪んだ姿の資本主義国になってしまいましたが、東欧やバルト三国は比較的普通の資本主義国になりました。その違いについて、ロシア科学アカデミーの民族学人類学研究所に勤めるロシア人に言われたことがあります。「東欧諸国で社会主義化が始まったのは一九五〇年代で、それまでは資本主義だった。バルト諸国でも、実質的な社会主義化が始まったのは一九四五年からだから、資本主義的な経営や決済のシステムをわかっていた。それに対してソ連は一九二〇年代に社会主義化したから、七〇年も経っていて、資本主義時代を覚えている人がいないんだ」と。

池上　それ以前の資本主義も、まだ未熟だったし。

佐藤　覚えている人がいるかいないか、という違いは大きいです。一定数の人が資本主義システムを覚えていれば、市場経済化はやりやすかった。だからロシアは苦労しているんだという説明でした。

■金本位制に戻るか

佐藤　もしもペトロダラーが崩壊してドルが基軸通貨でなくなると、恐ろしい事態になります。国際的な貨幣価値の基準がなくなるのですから。これは私の半ば妄想ですが、ドルが基軸通貨でなくなったら、金本位制に戻るしかないのではないでしょうか。金の価値が上がると、南アフリカ、ロシア、中国と言った金産出国の地位が高くなります。日本ももう一回、佐渡金山を掘り返すことになるかもしれません。

池上　いまは鹿児島で掘っていますね。住友金属鉱山が開発する伊佐市の菱刈《ひしかり》鉱山は、一九八三年から開発が始まって国内随一の産金量を誇っています。

■踊るトランプが心を掴む

佐藤　これも仮説ですが、トランプのカリスマ性を解く鍵のひとつは「踊り」ではないでしょうか。演説会場に登場するとき、トランプは踊りながら出てくるでしょう。それに合わせて手拍子が起こり、聴衆と一緒に「ＵＳＡ！」と叫んで一種のトランス状態になっていく。

池上　確かに、小刻みに身体を揺らしていますね。

佐藤　リズムを合わせて一緒に踊ることで、一体感を得ているんです。バイデンやオバマとは、決定的に違う点です。民主党にないところだし、伝統的な共和党にもない。だからトランプ支持になると、インテリも踊らないといけません。

池上　踊る宗教、みたいなものですか。トランプと一緒に踊れるかどうかで、本物の支持者かどうかがわかる。

佐藤　創価学会の池田大作さんも、学会員たちと一緒に踊っていました。YouTubeで探せば動画を見られますが、「♪今日もまた明日もまた折伏《しゃくぶく》の〜」と踊れるところが学会の強さなんです。

踊ることによって、理性や世間常識を超えるんですね。グローバルサウスでも、アフリカやブラジルではよく踊るでしょう。

池上　そういえば、紅海で日本郵船の船を乗っ取ったフーシ派が、甲板で踊っていました。

佐藤　日本でいえば、岸田総理が大衆と踊る姿は想像できませんが、田中角栄は踊りそうじゃないですか。この身体性を確保できる新しい政党が出てきたら、力を持つでしょう。

どうです、池上さん。東京都知事になったとして、防災の日にみんなで防災服を着て、池上さんを先頭にして皇居前広場で三万人行進とか、防災体操を踊りませんか？

池上　「さあ、みなさん、防災体操第一〜（笑）」

佐藤　「池上党」をつくったら、私が横で「今池上先生がおっしゃったことを、私が解釈するところによれば……」って説明しますよ。

池上　冗談はこのくらいにしましょうか（笑）。

たしかに、人間は同じ行動をともにすると団結心が高まります。たとえば、イスラム教のシーア派には年に一度必ず「アシュラの儀式」がある。預言者ムハンマドの孫にあたるフサインの殉教を追悼する儀式で、男たちがみんな上半身裸になって、鎖やナイフで自分の体に傷をつけて、血だらけになりながら行進するんです。前に私はベイルートでヒズボラの儀式を見たんですけど、みんな本当に熱狂していましたね。シーア派はこういった儀式を世界中でやって共通体験を持つことで、スンニ派に対して団結するわけです。

佐藤　なかには骨が出るまで叩く人もいます。痛みを共有する儀式を通じて一種の痛みの共同体となるというのは面白いですよね。キリスト教系の新宗教でも、儀式を通じて神の痛みを共有するという教義を持つ団体がありますが、実はそれがその組織の強さなんです。

■理性のノースvs.身体性のサウス

佐藤　そう考えていくと、国際情勢を分析するときに、文化人類学的な知見が必要となっていきます。政治は言葉の芸術であると言われますが、いまは言葉が信用できない世界になりつつある。

池上　アメリカの共和党と民主党の間でもディベートが成立しません。

佐藤　それは、お互いに大ウソつきだと思っているからです。おそらく、言葉が通じなくなっていくと、人間も動物と同じような行動をとる。たとえば、仲間かどうかを示すには、同じ踊りをできるかとか、リズムが合うとかがすごく重要になる。

　そうすると、踊って身体性で一体感を確保できる人物や組織と、バラバラの砂みたいになっている個々人が理念で結合している人物や組織では、接着剤の強さが違うんですよ。

池上　なるほど。「理念」を共有するバイデンやグローバルノースよりも、「身体性」でつながるトランプやグローバルサウスのほうが、結びつきが強い。

■タコのケンカに似てくる国際関係

佐藤　文化人類学や動物行動学からの視点を活かして国際情勢に関する面白い研究をしていたのが、グレゴリー・ベイトソンです。彼は第二次世界大戦中にアメリカの諜報組織ＯＳＳにいた、人類学者であり、哲学者であり、国際政治学者でもある人物です。文化人類学者のマーガレット・ミードの元夫で、「ダブルバインド（二重拘束）」という概念は心理学の世界ではよく知られています。
彼曰く「言葉が信用できなくなると、国家間の関係はタコのケンカに似てくる」。強いタコが弱いタコの上にばっと乗って、「お前、俺と喧嘩したらぶっ殺すことだってできるんだぞ」と態度で示す。すると、弱いタコは虚勢を張って自分の柔らかいお腹を、強いタコの上に乗せて「俺だってできるんだぞ」と見せて、お互いに離れていく。これは、キューバ危機にそっくりだ、と。

池上 つまり、国同士が戦争状態や緊張関係になったとき、動物の行動を研究したほうが、国際情勢がよくわかるというわけですね。

エピローグ　グローバルサウスは福音か、混沌か

■「自国第一主義」を貫く

佐藤　本書で論じてきたように、グローバルサウスは、今後の国際情勢において、大きな鍵を握る存在になりつつあります。

池上　グローバルサウスの国々は、アメリカ、ロシアという大国を相手に巧みに駆け引きをしながら、自国の利益を追求し、国力を高めようと立ち回っています。

　国の数、人口や経済の規模でも、グローバルサウスは世界の多数派になっています。前にも触れましたが、二〇二三年一月の「グローバルサウスの声サミット」はインドのモディ首相の呼びかけで開催され、世界の三分の二にあたる一二五カ国が参加しました。そして、同年一一月にインド主催で行われた第二回会合は、一三〇カ国が参加しています。参加国の人口を合計すると、現在の世界人口である約八〇億人のおよそ半分になります。

　経済規模では、二〇二二年にグローバルサウスは、ＧＤＰの合計がＧ７を上回りました。

　そして、国際政治における影響力も大きくなっています。二〇二三年二月の国連総会の緊急特別会合で、ロシア軍の完全撤退や戦争犯罪の調査と訴追を求めた決議案が採択された際、三二カ国が棄権しました。そのなかには、インドや南アフリカなどグローバルサウスに分類される国々が含まれています。これらの国々はふだんから石油や天然ガスなどをロシアから輸入しているため、ロシアとの関係悪化を恐れたのでしょう。また経済制裁を実施して、別の国から輸入しなければなりませんが、そうするとコストがかかってしまう。そこで、「自国第一主義」を貫いたのです。

■グローバルか、インターナショナルか

池上　一方、グローバルノースにしてみれば、明白な侵略行為なのにもかかわらず、非難しない国が三二カ国にものぼったことは衝撃でした。グローバルノースは、人権や民主主義といった共通の理念を持ち、ＥＵやＮＡＴＯに代表されるように結束を唱え、全体の利益を優先してきました。だから、全体より自国の利益を優先するグローバルサウスに驚いたのです。

佐藤　グローバルを直訳すれば「地球規模」や「世界的な」という意味で、国境がなく、ヒト・モノ・カネの移動が自由な状態を指します。そもそもグローバルは、民主主義や人権などの共通の価値観を持つ「北」の先進国、西側諸国が築いてきた概念ですね。

本書の冒頭でも触れましたが、それに対して、グローバルサウスは共通の価値観で一緒になっているわけではないので、〝インターナショナルサウス〟、あるいは〝サウスインタ

ーナショナル〟と呼ぶべきかもしれません。「インターナショナル」、つまり「自国を中心とした他国の関係」という概念で、それぞれの国や民族があって、それぞれの主権や文化を尊重し合うというネットワークなのです。

■独裁体制が世界の主流に

佐藤　権威主義的な体制はグローバルサウスの特徴のひとつですが、いまでは世界の主流になってきました。

池上　権威主義体制のもとで暮らす人口の割合は、スウェーデンの調査機関V‐Demの報告書によれば、一〇年ほど前の約五〇％から、現在は七〇％に急増しています。

佐藤　古代ギリシャの時代から、国の統治についてこう言われています。――初めは王様が治めているが、長くやっていると王様もズルくなるから、君主政は堕落して僭主《せんしゅ》政になる。すると「こんな悪王は許せない」と、モラルの高い貴族たちが政治を握る。モラルの高い人たちもやがて腐敗するので、今度は貴族政が寡頭《かとう》政になる。次は民衆の力がそれを倒して、民主政ができる。けれどもいずれ、衆愚政治になる。やがてまた、優れた王様が出てくる――。国家の体制は、こんな形で循環するんです。

池上　独裁体制は意思決定の速さが強みで、経済成長する上では実に効率的です。二〇二三年に取材に行ったドバイを見て、優れたリーダーがいると国はこんなに発展するんだなと感心しました。現在の首長ムハンマド・ビン・ラーシド・アール・マクトゥームが二〇〇六年に副大統領と首相に就任して、アラブ首長国連邦を二〇二一年までに「世界で最もいい国のひとつにする」という目標を掲げて改革に乗り出した結果、ドバイは現在のような大都市に成長したんです。

　ドバイや、昔で言えばインドネシアのスハルト大統領、「漢江の奇跡」を実現した韓国の朴正熙大統領のように、トップが有能な場合はうまくいきます。しかし、開発独裁はどの国も成功するかというと、そうではありません。そもそも独裁国家の場合、大きな失敗をしたら、取り返しがつきませんし、独裁者個人に何かあった途端に政治が不安定化します。

■ドイツでウクライナ支援に反対する二つの政党

佐藤　国のリーダーや政党を見るとき、経済政策の分析は必須ですね。もうひとつ、私がクライテリア（評価や判断を行う際の基準や指標）として考えるのは、戦争と平和の問題です。

たとえばドイツには、ウクライナへの戦争支援に反対している政党が二つあります。まず、一部にネオナチ的な傾向がある「ドイツのための選択肢（ＡｆＤ）」。もうひとつは「左翼党」で、前身は東ドイツで政権を握っていた「社会主義統一党」です。それに対して、連立与党の一角で軍備増強に反対してきた「緑の党」は、逆に目を吊り上げてウクライナへの軍事支援に回っています。戦争は自然を破壊してCO^2をたくさん排出する悪行なのに、環境政党が積極的なのは皮肉です。

池上　緑の党はＥＵ重視だし、第三次世界大戦に拡大させないためにはロシアを早く叩くべきだという理由ですね。主力戦車のレオパルト2をウクライナへ供与するように、強硬に主張したのも緑の党でした。反核を唱えていたのに、ＮＡＴＯ脱退をちらつかせるトランプの再選に備えて「ＥＵは独自の核を持つべきだ」という主張まで始めています。

佐藤　戦争を阻止して平和をもたらしてくれるなら黒い猫でも白い猫でもいい、と考えるなら、ＡｆＤと左翼党です。つまりネオナチとスターリン主義にこそ、平和への希望があるということになってくる。

■「ファシズムによる平和」という悪夢

池上　ドイツにおけるＡｆＤのように、ＥＵに加盟する国は、どこにも反ＥＵの極右政党があります。フランスだと、ルペン前党首が二〇二七年の大統領選挙に四回目の出馬を目指している「国民連合」。オランダでは、二〇二三年の総選挙で第一党になった「自由党」。

こうした各国の反ＥＵ政党が集まって、反ＥＵのネットワークを作っています。欧州が一緒になることに反対したり、自国のＥＵ離脱を主張したりしているくせに、反ＥＵで連帯しているという不思議な現象が起きているんです。

佐藤　ファシズムは、それぞれの精神でそれぞれの民族をまとめていくものですが、新自由主義に対抗する形で世界にネットワークが広がっていくかもしれません。

今までの既成の概念では解釈できない世界です。戦争を抑止するならいいと考えると、ＥＵで尊敬すべき政治家は、ハンガリーの独裁者オルバン首相ということになります。

池上　ＥＵの首脳のうち最も親ロシアで、ウクライナへの支援やＮＡＴＯの拡大に反対してきました。悪夢ですけど、みんなが自国第一主義で内にこもれば、戦争が終わって平和が来るかもしれないわけですね。

ただ、極右は、自分たちが所属する国家や民族が他の民族より優越するという信条の思想を持っています。そのため、外国人や外国の文化・宗教を嫌悪し排除しようという排外主義にも陥りがちです。その点を忘れてはなりません。

■食い止めるトランプと、やりすぎるバイデン

佐藤　戦争と平和という観点で、前政権時のトランプについて思い出すことがあります。二〇一七年四月、トランプは「独裁者アサド（シリア大統領）は罪のない市民に化学兵器攻撃を行った」と断言し、米軍がシリアの空軍基地に巡航ミサイルを打ち込みました。しかし、米軍は、アサド政権を支援するロシアに事前通告していたのです。

池上　攻撃するぞと宣言してから、間を空けましたからね。ロシア側の人的被害はほぼゼロでした。

佐藤　しかもトランプは、攻撃を一回で止めましたね。バイデン政権下では、対応が異なります。

二〇二四年一月にヨルダン国内にある米軍の拠点がドローンで攻撃されて、米兵三人が死亡して数十人が負傷しました。米軍は報復として、イラクとシリア国内にある革命防衛隊などの拠点八〇カ所以上を空爆しました。死者は少なくとも三四人と報じられています。

いわば一〇倍返しをしたわけで、これでは向こうも黙っていられないからさらに報復する、という連鎖に陥ってしまいます。

各地で戦争や紛争が続くいま、戦争を阻止するなら白い猫でも黒い猫でもいいとなれば、アメリカの次期大統領にはバイデンよりトランプが望ましいことになります。アメリカのエネルギーを世界の紛争地に向かわせず、できれば内側へ向けてほしいものです。

池上　トランプの本音は、戦争より平和のほうが金儲けになると考えているのでしょうけどね。

■日本がアメリカ追従外交から訣別

佐藤　最近、日本の議論を見ていてダメだなと思うのは、日本を国として受動的な客体だと位置づけてしまっていることです。いろいろなことが、能動的にできるにもかかわらず。

池上　政治や外交でも、安全保障においても完全に受動的で、アメリカに何か言われたら聞かざるを得ないと思い込んできましたからね。

佐藤　ほとんど注目されませんでしたが、岸田総理は、世界に対して、日本外交を大きく転換することを宣言しています。二〇二三年九月一九日の国連総会で、こう演説しました。

〈世界は、気候変動、感染症、法の支配への挑戦など、複雑で複合的な課題に直面しています。各国の協力が、かつてなく重要となっている今、イデオロギーや価値観で国際社会が分断されていては、これらの課題に対応できません。

我々は、人間の命、尊厳が最も重要であるとの原点に立ち返るべきです。我々が目指すべきは、脆弱な人々も安全・安心に住める世界、すなわち、人間の尊厳が守られる世界なのです。

国際社会が複合的危機に直面し、その中で分断を深める今、人類全体で語れる共通の言葉が必要です。人間の尊厳に改めて光を当てることによって、国際社会が体制や価値観の違いを乗り越えて、人間中心の国際協力を着実に進めていけるのではないでしょうか〉

（首相官邸ＨＰより）

アメリカは民主主義を世界的規模に拡大する価値観外交を展開し、日本も同じ陣営の一員のはずです。にもかかわらず、岸田総理が〈イデオロギーや価値観で国際社会が分断されていては、これらの課題に対応できません〉と述べたことは、アメリカに追従する価値観外交からの訣別を意味します。しかもこの演説では「民主主義」という言葉が一度も出てきませんでした。

池上　「民主主義」という言葉が出てこなかったのも、G7首脳の演説としては異例です。

佐藤　その代わり、〈人類全体で語れる共通の言葉〉として使われた〈人間の尊厳〉という曖昧なワードによって〈国際社会が体制や価値観の違いを乗り越え〉られると言っています。

■日本の将来の希望は

佐藤　実は日本は、上手に体をかわして、すでに半分くらいグローバルサウスになっているんです。いち早くトランプにすり寄ろうとしている、とも言えるでしょう。

池上　上川（陽子）外相の外遊先を見ても、興味深いです。二〇二四年一月は、ポーランド、ウクライナ、フィンランド、スウェーデン、オランダ、アメリカ合衆国、カナダ、ドイツ、トルコ。二月にはサモアとフィジーを訪れて、「太平洋・島サミット第五回中間閣僚会合」に出席。パプアニューギニアの外相、ナウルの外務副大臣、トンガの外相などと会談もしています。その直後、G20外相会合に出席するためにブラジルを訪れ、次はパナマ訪問。

グローバルノースに目配りしつつ、グローバルサウスの国々に対しても存在感を示しています。

佐藤　日本も自らをグローバルサウスにも属していると位置づければ、将来の希望が自ずと見えてくる気がします。

■第一次世界大戦時の遺産が役に立つ

池上　歴史は本当に進んでいるのか、疑わしくなります。東西冷戦が終わり、世界はひとつのグローバルなマーケットになった。グローバリズムそれ自体はよかったものの、資本主義には貧富の格差を拡大する力があるため、格差が拡大し、新たな分断が生まれたのです。また同時に、米ソの強大な軍事力に抑え込まれてきた「民族」と「宗教」が大きな力を持ち始めた。そして、世界各地でグローバリズムによる反作用として「自国第一主義」の流れが出てきたのですが、アンチグローバリズムで世界の問題が解決できるわけではありません。

佐藤　振り返ってみると、一九世紀と二〇世紀初頭は、「啓蒙の時代」でした。しかし啓蒙による理性や科学技術が人類に幸せをもたらさないと示したのが、第一次世界大戦です。その反動で終戦後には、それ以前とは断絶性の強い文化や思想が生まれました。

たとえば、人間は科学や理性では合理的に解釈できないとするハイデガーの実存哲学や、人間が神について語るのではなく、神が人間について語ることに耳を傾けよというカール・バルトの弁証法神学です。

池上　芸術や文学においては、ピカソらによる「キュービズム」や、作家のアンドレ・ブルトンを中心とする「シュールレアリズム（超現実主義）」といった運動が登場しましたね。

佐藤　第二次世界大戦は、アメリカが大量の物量を投入したことによって、連合国が勝利します。戦後は、ソ連が五カ年計画によって工業生産力を上げます。どちらも「啓蒙の思想」に戻ったわけですが、まずソ連が計画経済の合理性という潜在力を使い果たしてしまう。今度はアメリカが国力を落として、現在のようなカオスになってきました。この状況は第一次大戦直後に似ているので、当時の人類の遺産が役に立つかもしれません。

池上　第一次大戦では一六五〇万人もの死者を出した反省から、国際連盟が作られ、軍縮も話し合われました。民族自決が謳われて、東欧ではポーランドやチェコスロバキアなど、多くの国々が独立していきます。

佐藤　そしてこれから、本書で論じてきたように、〝グローバルサウスの逆襲〟が本格的に始まります。一五世紀の大航海時代以降、ポルトガルとスペインをはじめとする西ヨーロッパ諸国はアフリカ、アジア、南北アメリカ大陸へ進出して、植民地化を進めていきました。五〇〇年にわたる西側諸国による世界支配に逆行する流れが、グローバルサウスから起きてくるというわけです。

池上　民族や宗教の対立がいつの時代にも必ず生れることは、歴史が物語っています。同じ失敗を繰り返さないようにするためにも、歴史に学ぶ必要がありますね。

おわりに

池上彰氏との本文中の対談でも述べたが、グローバルサウスという概念は奇妙だ。グローバルとは国家の壁を越えて、ヒト・モノ・カネが自由に動く現象を指す。経済的には新自由主義と対応する概念だ。従って、グローバルノースという概念は成立する。対して、グローバルノースに含まれないサウス（南）と呼ばれる地域では、国家主権が基本になる。従って、国境を越えて、ヒト・モノ・カネは流れない。だから国家と国家の関係、すなわちインターナショナルが重要になる。グローバルノースに対抗しているのはサウスインターナショナルなのである。従って、本書のタイトルは「サウスインターナショナルの逆襲」とするのが概念的には正しいのだ。もっとも奇異なタイトルをつけると読者に本書が届かなくなるので、あえてサウスインターナショナルには固執しなかった。

グローバルサウスの地理的範囲は明確でない。中国や北朝鮮のような権威主義国家もグローバルサウスに含まれるのであろうか。含まれるとも言えるし、含まれないと考えることもできるというのが、このあとがきを執筆している二〇二四年三月時点での現状だ。ドイツの哲学者ヘーゲルは『法の哲学』序説で、「ミネルバのフクロウは夕暮れを待って飛び立つ」と言った。フクロウは知恵の象徴だ。ある時代の全体像は、その時代の終焉期になってようやく見えてくるという現実をヘーゲルはこのように表現したのである。グローバルサウスという現象は生成過程にあるので、その全体像が見えないのは仕方ないことだ。
同時に興味深いのがロシアだ。二〇二二年二月二四日にロシアはウクライナに侵攻した。この戦争によって、ロシアは欧米（ロシア語でザーパド［西］）との協調路線を放棄した。ロシアはグローバルサウスとの連携に腐心している。しかし、自らをグローバルサウスの一員とは考えていない。グローバルノースにもグローバルサウスにも属さない第三の道をロシアは模索しているのだと思う。

さて、このような状況で、われわれは今年一一月のアメリカ合衆国大統領選挙を迎えている。アメリカの大統領は、世界大統領の機能も果たしている。日本国民はアメリカ大統領選挙の参政権を持っていない。しかし、誰があの国の大統領になるかによって日本の国家と国民も大きな影響を受ける。大統領選挙に関しては現職のバイデン氏（民主党）と前職のトランプ氏（共和党）の事実上の一騎打ちになる。日本や欧米の新聞やテレビの報道を基に判断すると加齢による身体能力や認知能力に不安があるとしても、バイデン氏が再選された方がかなりマシという印象を受ける。確かにバイデン氏は伝統的な政治エリートで、その行動は予測しやすい。対して、トランプ氏は予測不能で、アメリカ国内のみならず全世界に大混乱をもたらすように見える。私は、トランプ氏が大統領になった方が世界は安定すると見ている。なぜなら、バイデン氏よりもトランプ氏の方が、アメリカが弱体化していることをリアルに認識しているからだ。トランプ氏の場合、言語よりも身体で事柄の本質を理解する能力に長けている。トランプ氏のレトリック（修辞）を正確に読み解かなければならない。「アメリカを再び偉大な国家にする」というスローガンは、現在のアメリカが偉大でないという認識を反映したものなのである。もっともトランプ氏の願望が叶い、再びアメリカが世界で唯一の超大国としての地位を回復する可能性はないと思う。「アメリカ第一」「偉大なアメリカ」というスローガンを掲げながら、あの国は徐々に収縮していくことになる。この傾向は、バイデン氏が大統領に再選されても基本的に変わらない。ただし、トランプ氏の場合よりも収縮のスピードが遅くなるであろう。

このような状況を踏まえ、日本の国益を極大化するためにはどのような選択をすればよいのだろうか？　まず、現状を正確に分析することだ。ここで少し品の悪いたとえ話で説明する。老舗広域任侠団体が縄張りを狭めている。その場合、本部は直参の組（二次団体）からの上納金を増やす。直参は本部当番も増える。直参の頭がいい組長ならば、「最近、本部の調子がよくないので、うちへの負担が増えている」と事態を分析するはずだ。他方、あまり頭の回転が速くない組長は、「いよいよ本部も俺の実力を認めた。上納金を多くとられるのは負担だが、本部当番が増え、対等の親分として扱われるようになった。わが世の春だ」と勘違いする。アメリカが弱体化する中で、ドイツと日本に対する負担が急激に増大している現実もこのたとえに似ている。日米同盟が質的に強化されているのは事実としても、地球規模で見た場合、アメリカとその同盟国の地位は低下しているのだ。

　現下の国際秩序は、第二次世界大戦の結果に基づいて作られている。この与件は、第三次世界大戦でも始まらない限り、変わらない。アメリカが戦勝国で日本が敗戦国だったという歴史的現実を無視してはならない。そもそも同盟関係というものは、主権の一部を自らの判断で狭めるということだ。ただしそれは日本共産党が政府を非難するときに用いるキーワード「対米従属」とは異なる。日本の国益を極大化するために、日本の政治エリートは自発的に日米同盟に加わっているのである。日米同盟という与件の中で、日本の主権を極大化することが、外交をになう政治家と官僚に求められているのだ。

　日本を取り巻く東アジア情勢を見ると主要なプレイヤーは日本、アメリカ、中国、ロシア、北朝鮮、韓国の六カ国と台湾という一地域だ。二〇〇〇年と現時点で、これらの国と日本の相対的な国力を比較すると、中国、ロシア、北朝鮮、韓国、台湾が力の増進が著しい。日本にとって唯一の同盟国であるアメリカの国力も相対的に弱くなっている。二一世紀も外交はニュートンの古典力学の原理、すなわち勢力均衡原則で動いている。今後、東アジア地域で勢力均衡線が引き直されるような事態が起きれば、新たな均衡線は日本にとって不利な場所に引かれる。今から日本は退却戦に備えておかなくてはならない。

同時に日本が潜在的に影響力を高めることができる地域に向けた戦略を今から準備しておくことだ。具体的には東南アジア地域、特にインドネシア、マレーシアだ。この地域にハード、ソフトの両面で日本がインフラを整えることが重要になる。

中長期的に日本の国力を強化する上で教育も重要だ。特に受験産業の異常な発展による歪んだ定向進化を遂げてしまった初等中等教育の再編、さらに高等教育（特に平均的水準が学部レベルよりも低くなっている大学院教育）の改革が不可欠だ。教育の問題については、別途、機会を改めて池上彰氏と掘り下げた議論を行ってみたい。

本対談に応じていただいた池上彰氏に深く感謝申し上げます。本書は株式会社文藝春秋の前島篤志氏、文春新書編集部の西本幸恒編集長、東郷雄多氏、フリーランスの編集者兼ライターの石井謙一郎氏の協力のおかげで上梓することができました。どうもありがとうございます。

二〇二四年三月一四日、曙橋（東京都新宿区）の自宅にて

佐藤　優

池上　彰（いけがみ あきら）

1950年長野県生まれ。ジャーナリスト。慶應義塾大学経済学部卒業後、NHK入局。記者やキャスターを歴任し、2005年に退職。現在、東京工業大学特命教授など計6大学で教える。著書に『伝える力』『池上彰の「世界そこからですか⁉」』など多数。

佐藤　優（さとう まさる）

1960年東京都生まれ。作家・元外務省主任分析官。同志社大学大学院神学研究科修了。著書に『国家の罠』『自壊する帝国』『イスラエルとユダヤ人』『宗教改革の物語』『私のマルクス』『神学でこんなにわかる「村上春樹」』など多数。

文春新書

1451

グローバルサウスの逆《ぎやく》襲《しゆう》

2024年4月20日　第1刷発行

著　者　池上　彰
佐藤　優
発行者　大松芳男
発行所　株式会社 文藝春秋
〒102-8008　東京都千代田区紀尾井町3-23
電話（03）3265-1211（代表）

印刷所　理想社
付物印刷　大日本印刷
製本所　大口製本

定価はカバーに表示してあります。
万一、落丁・乱丁の場合は小社製作部宛お送り下さい。
送料小社負担でお取替え致します。

ISBN978-4-16-661451-6

池上 彰・佐藤 優
大世界史
現代を生きぬく最強の教科書
各地でさまざまな紛争が勃発する現代は、まるで新たな世界大戦の前夜だ。激動の世界を読み解く鍵は「歴史」にこそある！
1045

池上 彰・佐藤 優
知的再武装 60のヒント
四十五歳もしくは六十歳の岐路にあって、知的再武装をすることが重要だ。本書が伝授するのはよりよい人生のための六十の極意！
1254

池上 彰・佐藤 優
無敵の読解力
二人の賢者が選んだテーマは、東京五輪、政治家の教養、外から見た日本人論、現代の仕事論、米中対立。縦横無尽の展開に刮目すべし
1341

磯田道史
徳川家康 弱者の戦略
人質、信長との同盟、信玄との対決……次々に襲う試練から家康は何を学んで天下を取ったのか——。第一人者が語り尽くす「学ぶ人家康」
1389

エマニュエル・トッド 大野 舞訳
第三次世界大戦はもう始まっている
ウクライナを武装化してロシアと戦う米国によって、この危機は「世界戦争化」している。各国の思惑と誤算から戦争の帰趨を考える
1367